LA BELGIQUE EST MORTE,
VIVE LA BELGIQUE !

Du même auteur

Les Milliards de l'orgueil, Paris, Gallimard, 1989 (en coll. avec Bruno Dethomas).

Lettre ouverte d'un petit Français au roi des Belges... et à quelques autres, Paris, Fayard, 1990.

Albert Frère, le fils du marchand de clous, Paris, Fayard, 1997.

Le Juste de Bordeaux : Aristides de Sousa Mendes, Paris, Mollat, 1998.

Baudouin. L'homme qui ne voulait pas être roi, Paris, Fayard, 2001.

Au secours, les Anglais nous envahissent, Paris, Michalon, 2006.

Les rois ne meurent jamais, Paris, Fayard, 2006 (avec Thomas Valclaren et Linda Caille).

Le Roman de Bruxelles, Paris, Le Rocher, 2008.

José-Alain Fralon

La Belgique est morte, vive la Belgique !

Fayard

ISBN : 978-2-213-64309-0

À la mémoire de Yann de l'Ecotais

Avant-propos

La dernière *Brabançonne* de Toots Thielemans

C'est triste, un pays qui meurt. Surtout celui-là, villageois et universel, avec sa bâtardise flamboyante, sa capacité à rire de lui-même, lumineux comme le sourire de Cécile de France et âpre comme un poème de Verhaeren. Ce pays de la chance, où bonheur est vertu, qui se lève avec Beulemans et se couche avec Magritte. Comment, nous, Français, ne serions-nous pas particulièrement affectés par la disparition de ce cousin, si proche et si différent, dont nous avons tous « quelque chose » dans notre imaginaire ?

Cette fois, pourtant, c'est sérieux : la Belgique peut mourir. Mourir : sitôt ce mot écrit, j'aimerais pouvoir le raturer et trouver une périphrase plus élégante, laissant entrevoir une issue moins fatale. Encore une minute, monsieur le bourreau ! Après tout, les Cassandre ont été si nombreuses à prédire la fin de ce pays, celui-ci a traversé et surmonté tant de crises considérées comme « définitives », qu'il serait sans doute possible d'imaginer un nouveau sursaut. Ne va-t-il pas fêter son cent quatre-vingtième anniversaire alors qu'à sa naissance, en 1830, les diplomates avertis lui donnaient, au plus, vingt ans de vie ? Et pourquoi donc le « miracle belge », qui fait que rien, ici, ne se passe selon les schémas préétablis, ne se produirait-il pas une fois encore ?

La messe, pourtant, semble dite. Je pense que le divorce entre Flamands et Francophones[1] est désormais inéluctable et que la Belgique ne fêtera pas son deuxième centenaire en 2030. Derrière ses aspects les plus caricaturaux – comme ce futur Premier ministre chantant *la Marseillaise* alors qu'on lui demandait s'il connaissait l'hymne de son pays –, la dernière crise a d'abord montré que le mouvement flamand, qui plonge ses racines très profondément dans l'histoire et transcende tout un peuple, ne pouvait plus désormais avoir d'autre objectif que l'indépendance à court ou moyen terme.

---

1. Sachant que cette interprétation me vaudra certainement des critiques, j'ai estimé, après de longues interrogations et de nombreuses consultations, devoir mettre une majuscule à « Francophones », estimant qu'en l'occurrence il s'agit d'une communauté en tant que telle : celle des Francophones de Belgique.

Cette crise a aussi provoqué une véritable psychothérapie nationale. La Belgique, à la recherche d'elle-même, s'ausculte. Qui sommes-nous, les uns et les autres ? Que faisons-nous ensemble ? Le diagnostic est radical : Flamands et Francophones s'aperçoivent tout simplement qu'ils vivent dans deux pays différents et qu'ils n'ont pratiquement plus rien à se dire. Ce n'est pas la guerre, ce n'est pas un long armistice, c'est autre chose : une indifférence réciproque. « Aussi longtemps que francophones et Flamands se disputent, leur mariage survit, leur pays continue à exister, constate Rick Torfs, professeur à l'université flamande de Louvain, mais si le soi-disant désaccord cache l'indifférence, la rupture est inévitable à long terme. (...) Des deux côtés de la frontière linguistique, nous ne partageons ni les mêmes vedettes, ni les mêmes livres, ni les mêmes journaux, ni les mêmes programmes TV. Ni, presque par la force des choses, les mêmes sujets politiques capables de mobiliser ou intéresser la population. Le vrai problème entre Flamands et francophones n'est pas le désaccord. C'est l'indifférence. »

Ce climat, davantage résigné qu'agressif, que des sondages contradictoires parviennent mal à rendre, on le sent gagner le pays tout entier. Par petites touches. À Charleroi comme à Gand, dans les plaines du Limbourg comme sur les hauteurs des Ardennes, dans les quartiers populaires de Bruxelles comme sur la place m'as-tu-vu de Knokke-Le-Zoute, il suffit de parler un peu longtemps avec des Belges pour se rendre compte qu'une majorité d'entre eux, qu'ils le regrettent ou l'approuvent, considèrent désormais l'éclatement de leur pays comme une hypothèse plausible.

Sauf événement inattendu, jamais à exclure, le couperet ne tombera pas d'un coup, et la fin sera pacifique. « Ici, aime à dire l'écrivain Jacques De Decker, on s'arrête au premier sang. » À de nombreuses reprises, on a cru que l'irréparable pouvait être commis, mais, chaque fois, la raison l'a emporté sur la passion. Souhaitons que cela continue. L'histoire n'est pas avare de ces dérapages violents, de ces engrenages sanglants dans des pays que l'on croyait réconciliés. On se souvient de cet ambassadeur de France à Belgrade, interrogé en 1990 sur l'avenir de la Yougoslavie, qui avait répondu : « Quand la Yougoslavie éclatera, ce sera de rire ! » Bien sûr, la Belgique est loin des Balkans, mais mieux vaut toujours envisager la possibilité du pire pour pouvoir l'éviter.

« Comme la mer d'Aral, la Belgique va s'évaporer lentement », ironise un avocat anversois.

Une fois le pays réduit à sa plus simple expression, il faudra bien, malgré tout, signer l'acte de décès et s'entendre sur la répartition des biens.

Après être passé chez le notaire, chacun rentrera chez soi. Les Flamands dans une république flamande amputée de Bruxelles, les Francophones dans un ensemble formé de la Wallonie et de Bruxelles. Les autres solutions, comme le rattachement de la Wallonie à la France ou la transformation de Bruxelles en district européen, restent des vues de l'esprit.

Et puis ? Et puis, pas grand-chose. Grâce à l'Europe, les nouveaux États n'auront ni à battre monnaie, ni à installer des postes-frontières. S'ils légiféreront, ce sera dans le cadre de plus en plus contraignant des règles juridiques, des normes techniques et des principes éthiques européens. Cela ne vaut pas seulement pour la Flandre. Après tout, l'Écosse ou le Pays basque (espagnol) pourraient très bien être indépendants avant elle.

Si les civilisations sont mortelles, pourquoi un pays de 10 millions d'habitants ne le serait-il pas ? D'autant qu'il ne connaîtra pas la terrible agonie de l'empire des Habsbourg ou la fin dramatique de la sainte Russie des Romanov dans le champ de ruines laissé par la Première Guerre mondiale.

Et puis, la Belgique ne va pas être anéantie, telle une nouvelle Atlantide. La flèche de l'hôtel de ville, sur la Grand'Place de Bruxelles, continuera de tutoyer les nuages. On trouvera toujours à Anvers un navire partant pour n'importe quelle destination dans le monde et la Meuse ne sera jamais aussi belle qu'à Namur. Souhaitons que si, dans les périodes de gros temps, le soleil perce à travers l'averse, le Wallon continuera de dire : « Tiens, voilà le diable qui marie sa fille ! » et le Flamand : « Il y a kermesse en enfer ! ». Quant au Bruxellois, il reprendra la formule du chanteur Marka : « Je vis dans un pays où il pleut. Si mon pays disparaît, il me restera la pluie. » La pluie, et l'humour !

Certains vont pleurer leur patrie perdue, d'autres fêter la naissance d'« autre chose ». Si tous consacrent autant d'énergie et de finesse à construire leurs nouveaux pays qu'ils en ont mis, à une certaine époque, à bâtir l'ancien, peut-être les « Belges » nous surprendront-ils encore.

La Belgique pourrait ainsi quitter la scène en mille et quelques temps, comme il en fut d'une valse chantée par le plus célèbre de ses enfants. Et le jour où il faudra se quitter, on entendra une petite musique s'échapper d'un café des Marolles, un des quartiers populaires de Bruxelles. Sur un air de jazz, M. Toots Thielemans y jouera sa dernière *Brabançonne*.

Il faut encore imaginer les Belges heureux.

LE POINT DE NON-RETOUR

CHAPITRE PREMIER

La pari suicidaire d'Yves Leterme

Le début de la fin commence le 14 février 2004 lorsque le parti le plus important d'un État fondateur de l'Union européenne n'hésite pas à choisir, même indirectement, la dislocation de son pays. Ce jour de la Saint-Valentin, le parti social-chrétien flamand, le CD&V, une véritable institution dont sont issus presque tous les Premiers ministres depuis 1980, qui a toujours bénéficié du soutien de l'Église catholique et, on le dit, de la famille royale, passe en effet un accord électoral avec la NVA (Nieuw Vlaamse Alliantie), petit parti favorable à l'indépendance de la Flandre. S'ils ne proclament pas ouvertement « *Belgïe Barst !* » (« Que la Belgique crève ! »), comme les dirigeants d'extrême droite, les responsables de la NVA n'en pensent pas moins et leurs jeunes militants n'hésitent pas, à l'occasion, à brûler quelques drapeaux rouge, jaune et noir.

La ligne jaune est franchie.

Le moment semble ainsi arrivé où la Belgique, jusqu'alors en équilibre instable, bascule. Le moment où, devant des Francophones qui n'en peuvent rien, le nationalisme flamand remporte une de ses principales victoires symboliques. « Les observateurs étrangers parlent souvent de l'existence de deux nations – une flamande et une francophone. C'est inexact : il y a une nation belge et une nation flamande », explique ainsi l'historien Vincent Dujardin, en préface à un remarquable supplément du *Soir* de Bruxelles sur « 178 ans de conflit communautaire [1] ». Tout au long de l'histoire de la Belgique, nous le verrons, ces nationalismes flamand et belge n'ont cessé de s'opposer, de se heurter, de se combattre, mais aussi de se nourrir l'un de l'autre. Ils étaient nombreux ceux qui, au départ, se voulaient flamands ET belges. Je me souviens d'une rencontre avec Brik Schotte, « le dernier des Flandriens », un de ces champions durs à la peine, qui fut champion du monde de cyclisme. Tout au long de la conversation, il m'expliquait avoir bataillé sur les routes « pour la Flandre et pour le maillot

---

1. *Le Soir*, « Saga Belgica, 178 ans de conflit communautaire », sous la direction de Pierre Bouillon, Bruxelles, Rossel, 2008.

belge », sans faire aucune distinction entre les deux. Et puis, petit à petit, de crise en crise, de combat en combat, de compromis en compromis, le nationalisme flamand s'est progressivement dissocié du nationalisme belge pour, aujourd'hui, le considérer comme un frein à son propre épanouissement.

Ce sentiment national flamand est profond, souvent irrationnel. Enfoui dans la mémoire collective, nourri par une geste abondante, il ne pourrait être limité aux images, si souvent vues, de scouts en culotte de peau, grosses chaussures et front bas, hymnes vengeurs et drapeaux martiaux, défilant au son des tambours et prêts à faire le coup de main à la moindre occasion. Et c'est justement parce qu'il transcende tout un peuple, qu'une fois les digues ouvertes, la mécanique lancée, on pourra peut-être le ralentir, mais certainement pas l'arrêter.

Yves Leterme, l'homme dont l'histoire retiendra qu'il est celui qui a fait franchir le point de non-retour à son parti, sa région et son pays, en signant, au nom des sociaux-chrétiens qu'il présidait à l'époque, les accords avec les indépendantistes, n'a rien d'un épouvantail. Tout, au contraire, aurait pu faire de lui l'homme du « grand compromis », celui que la Belgique attendait pour tenter de régler ses problèmes existentiels. Bonne bouille rigolarde, aussi à l'aise en néerlandais ou en français qu'en anglais, cet ancien fonctionnaire européen, né d'un père wallon et d'une mère flamande (comme Yolande Moreau !), a grandi dans un environnement bilingue. Ayant vu le jour en 1960, l'année où l'économie du nord du pays rattrapait celle de la Wallonie, il n'a donc pas vécu la période de l'humiliation flamande, et était trop jeune pour avoir été marqué par les affrontements passés. Bref, s'il a choisi d'être flamand, il aurait pu représenter une région ouverte, décontractée, moins obsédée par son passé. Il va pourtant camper sur des positions extrémistes. Sauf sur les gradins des stades de football où il « supporte » ardemment le Standard de Liège, un des clubs phares de Wallonie.

Rien ne semble l'arrêter. Aux élections régionales de 2004, les électeurs flamands plébiscitent le cartel formé entre les sociaux-chrétiens et les indépendantistes. Leterme devient alors ministre-président du gouvernement de la région flamande. C'est à ce titre que, le 17 août 2006, il accorde une interview à Jean Quatremer, le correspondant de *Libération* à Bruxelles. Tout y est dit :

« Aujourd'hui, constate d'emblée le journaliste, le fossé entre Flamands et francophones n'a jamais paru aussi profond... »

Leterme acquiesce : « Les différences s'amoncellent » – et en rajoute : « Que restet-il en commun ? Le roi, l'équipe de foot, cer-taines bières... »

« Est-ce dramatique ? » relance Quatremer.

La réponse fuse : « Non, la Belgique n'est pas une valeur en soi, ce sont des institutions au service d'une population. »

Dans la bouche d'un jeune militant interna-tionaliste, ces propos ne choqueraient pas. Prononcés, et devant un journaliste étranger de surcroît, par un homme appelé à diriger le gouvernement de son pays, voilà qui fait fort ! Une telle déclaration aurait été impensable dans l'immense majorité (la totalité ?) des pays de la planète. Imagine-t-on Barak Obama, Nicolas Sarkozy ou José Luis Zapatero déclarer que leur nation n'est pas une valeur en soi ? Pas une valeur, non plus, la sainte Russie ? Et la Flandre ?

En Belgique, ce n'est pas ce passage qui a mis le feu aux poudres, mais la réponse à une autre question sur les communes de la périphé-rie bruxelloise, peuplées en majorité de Franco-phones. « Apparemment, répond Leterme, les francophones ne sont pas en état intellectuel d'apprendre le néerlandais. » Si ce jugement n'est pas entièrement erroné – 51 % des Fla-mands parlent le français, alors que seulement 14 % des Francophones peuvent s'exprimer en néerlandais –, il est peu apte à ramener le calme dans les esprits. Les responsables politiques francophones réagissent au quart de tour. « Insultants » pour le socialiste Di Rupo, ces propos sont qualifiés de « vexatoires » par la social-chrétienne Joëlle Milquet. L'écolo Isabelle Durant estime qu'« Yves Leterme ne se distingue plus du Vlaams Belang », le parti d'extrême droite. Deux membres bruxellois du parti social-chrétien francophone vont plus loin et déposent une plainte en bonne et due forme, fondée sur la loi contre le racisme et la xénophobie. Si les éditorialistes de la presse francophone marquent leur désapprobation, leurs collègues flamands sont plus indulgents : « Au-delà de l'ironie, estime la *Gazet van Antwerpen*, les propos d'Yves Leterme contiennent beaucoup de bon sens. »

Pour les Francophones, le mauvais rêve continue. Le 13 décembre 2006, la RTBF, la télévision publique francophone, crée un véritable psychodrame en diffusant un canular relatant « en direct » la sécession de la Flandre, la fuite du roi Albert II à Kinshasa, l'établissement de barrières douanières entre les deux régions du pays, et autres calembredaines !

Les réactions des téléspectateurs sont terriblement symptomatiques. Ainsi, beaucoup d'entre eux ont cru, avant d'être avertis par une annonce sur l'écran qu'il s'agissait d'une fiction, que les événements se déroulant sous leurs yeux étaient vrais. Comme s'ils y étaient « préparés » et que, pour eux, ce coup de force flamand était vraisemblable. Je puis témoigner personnellement de ce désarroi, ayant reçu un coup de téléphone affolé d'une amie liégeoise me demandant, en pleurs, ce qu'il allait advenir de son pays. Symptomatique, aussi, le fait que pratiquement aucun téléspectateur n'ait eu la présence d'esprit de zapper immédiatement sur les chaînes flamandes et de se rassurer en constatant qu'elles diffusaient des matches de football. Ou de se précipiter sur son téléphone ou son e mail pour demander à une de ses connaissances en Flandre si tout cela était vrai. Pourquoi ? « Mais parce que nous ne regardons jamais la télévision flamande, et que nous ne connaissons plus personne en Flandre ! », répond, comme une évidence, une enseignante bruxelloise.

Les élections législatives du 10 juin 2007 allaient encore exacerber la crise. Si les Francophones placent les libéraux légèrement en tête devant les socialistes, les Flamands continuent de soutenir le cartel composé des sociaux-chrétiens et des nationalistes, qui récolte près de 30 % des suffrages. En recueillant près de 800 000 « voix de préférence » (les

Belges peuvent voter pour une liste et, à l'intérieur de celle-ci, pour une personnalité), Leterme bat tous les records de popularité. Le Vlaams Belang, le parti d'extrême droite dont un des slogans, rappelons-le, n'est autre que « *Belgïe Barst !* » (« Que la Belgique crève ! »), arrive en deuxième position avec près de 20 % des voix. Partisan de la constitution de deux États autonomes regroupés dans une improbable confédération, l'ancien entraîneur de l'équipe nationale de judo, Jean-Marie Dedecker, obtient plus de 6 % des suffrages et voit ses partisans entrer pour la première fois au Parlement. « Cela fait 175 ans que nous payons pour la Wallonie. On ne peut plus continuer à donner du poisson aux pays en voie de développement, il faut qu'ils apprennent à pêcher ! » déclare, entre autres amabilités, ce colosse populiste, en passe aujourd'hui de devenir une des personnalités politiques les plus populaires de Flandre. Ce scrutin marque aussi la défaite impressionnante des socialistes flamands, ce qui renforce encore l'asymétrie entre les deux régions.

Leterme n'en a pas fini. Pressenti comme Premier ministre, il peine à former un gouvernement, tant sont forts les antagonismes. Le 21 juillet 2007, 176 ans après la prestation de serment de Léopold Ier, alors que, comme chaque année, tout ce qui compte dans le Royaume se presse au *Te Deum* célébré à la cathédrale des Saints-Michel-et-Gudule de Bruxelles, prélude aux cérémonies officielles de la fête nationale, Leterme, interrogé par un journaliste de la RTBF qui lui demande s'il connaît les paroles de *la Brabançonne*, l'hymne national belge, répond par un grand sourire et entonne... *la Marseillaise* ! Quelques minutes auparavant, il avait été incapable de dire exactement ce que son pays fêtait le 21 juillet, rejoint d'ailleurs dans cette méconnaissance de l'histoire par l'ancien Premier ministre, le libéral flamand Guy Verhofstadt, et par le président de la région wallonne, le socialiste Rudy Demotte.

Montrant leur extraordinaire sens de l'autodérision, beaucoup de Belges, Flamands comme Francophones, ont d'abord ri en entendant cette *Marseillaise* inopinée et en écoutant les commentaires des chroniqueurs étrangers sur ce drôle de pays et ses drôles de dirigeants. Les voisins français n'en reviennent pas : peut-on imaginer une seule seconde François Mitterrand ou Nicolas Sarkozy incapable d'expliquer la signification du 14 Juillet et chantant le *God Save the Queen* à la place de *la Marseillaise* ?

Donc, dans un premier temps, les Belges s'amusent bien de cette mascarade, de ce spectacle surréaliste, de cette pochade d'étudiant attardé. Réflexion faite, les sourires jaunissent. Surtout chez les Francophones. Qu'Yves Leterme ait échangé sciemment les hymnes nationaux, par provocation, ou qu'il l'ait fait naturellement, par ignorance, donne quand même à penser sur sa légitimité à diriger le pays.

Nouvel accès de fièvre, le 7 novembre 2007, lorsque, en commission parlementaire, les députés flamands votent à l'unanimité moins une voix – celle d'une élue écolo – une loi visant à scinder l'arrondissement de Bruxelles-Hal-Vilvorde, équivalant en fait à priver les 120 000 Francophones habitant dans la périphérie de la capitale de la possibilité de voter pour des listes francophones ou d'être jugés par des magistrats francophones. Un dossier ultrasensible, où les deux communautés s'affrontent au nom de deux principes apparemment inconciliables : « droit du sol », disent les Flamands (traduire : « En Flandre, on parle le flamand ») ; « droit des gens », rétorquent les Francophones (traduire : « Si dans certaines communes de Flandre vit une majorité de Francophones, à eux de décider quelle langue ils veulent employer dans leurs rapports avec les autorités »).

Pour protester, les députés francophones avaient tous quitté au préalable la salle de délibération. Le lendemain, la presse francophone se déchaîne. « La loi du plus fort », titrent *La Libre Belgique* et *Le Soir*. « Les Flamands ont osé », dénonce *La Dernière Heure*. Comme s'ils n'attendaient que cela, certains bourgmestres (maires) flamands renchérissent dans la provocation. L'un enlève le drapeau belge du fronton de son hôtel de ville et le remplace par l'emblème flamand. « Jamais, déclare-t-il, je ne me suis senti belge ; c'est quoi, ce sentiment belge ? Où est la langue belge ? » Un autre, officiellement pour raisons de sécurité, interdit l'accès à une aire de jeux aux enfants ne parlant pas le néerlandais. Ici on veut réserver le droit d'acquérir une maison aux seules personnes pratiquant le néerlandais. Là, on manifeste contre des restaurateurs accusés de parler le français avec leurs clients.

Les Francophones commencent à réagir. Mais en ordre dispersé. Nous verrons que les Wallons, s'ils ont tenté à plusieurs reprises de prendre leur destin en main, n'ont jamais pu ni voulu s'appuyer sur une véritable conscience « nationale ». Quant aux Bruxellois, habitants d'une ville située en Flandre mais parlant le français, ils sont peut-être les seuls derniers « vrais » Belges. Les Francophones, surtout à Bruxelles, jouent de la corde patriotique, pensant peut-être faire revenir leurs compatriotes flamands à de meilleurs sentiments. Rarement depuis la mort du roi Baudouin en 1993 on aura vu autant de drapeaux belges aux fenêtres de certains quartiers de Bruxelles ! Le 18 novembre 2007, trente mille personnes, essentiellement des Francophones, participent dans les rues de la capitale à une manifestation en faveur de la « Belgique unie ».

En juin 2008, pour la première fois, un sondage montre qu'une majorité de Flamands souhaitent l'indépendance de leur région, et que deux Flamands sur trois estiment « inéluctable » la rupture avec les Francophones. Ouvertement et gravement, de plus en plus de Francophones se posent alors la question de leur avenir. « Si les Flamands ne veulent plus de la Belgique, qu'ils partent ! À nous de décider maintenant ce que nous voulons », commence-t-on à entendre dire. Attention : ce serait mal connaître les Belges que de les croire soudain obsédés par l'avenir de leur pays. « Je m'attendais à voir une région au bord de la guerre civile, a pu témoigner un journaliste américain, et je rencontre des gens, notamment des jeunes, qui se soucient assez peu de savoir ce qu'il adviendra demain de leur État. »

Survient la crise financière internationale. En reléguant au second plan les conflits régionaux et linguistiques, elle accorde un répit à la Belgique. Comme s'il avait jeté aux orties ses précédents engagements, oublié ses déclarations passées, Yves Leterme, qui a réussi à former un gouvernement, se sépare de ses encombrants alliés indépendantistes. La bonne fée des Belges sort sa baguette magique et l'activiste flamand endosse alors, sans difficulté apparente, ses nouveaux habits de « Premier ministre de tous les Belges ». « Yves Leterme pense belge, mange belge, aime belge. Est belge ! Ce pays ? Ce n'est plus un pays, c'est – on se pince ! – "une nation prête à affronter les défis d'aujourd'hui et de demain" », ironise Luc Delfosse dans *Le Soir*. Et ça marche ! Selon un sondage, 63 % des Francophones estiment que le Premier ministre a bien géré la crise financière, et 49 % d'entre eux vont même jusqu'à le trouver « sympathique » !

Un rapport faisant état de possibles pressions du pouvoir politique sur la justice dans l'examen du démantèlement de la banque Fortis, Yves Leterme est contraint à la démission en décembre 2008. Pour tenter de sortir rapidement de ce nouvel imbroglio, le roi Albert II fait appel à Wilfried Martens, une des figures historiques de la politique belge, puisque, comme nous le verrons, ce social-chrétien flamand fut neuf fois Premier ministre.

« *Wilfried de evidente* » (« Wilfried l'évident »), comme on l'appelait, trouve vite la solution. Pour lui, deux hommes sont capables de diriger le gouvernement par ces temps difficiles. Jean-Luc Dehaene, d'abord. Surnommé « le Démineur » tant est grande sa capacité à démêler l'écheveau diaboliquement compliqué de la politique belge, cet ancien Premier ministre, lui aussi social-chrétien flamand, décline la proposition. Qu'à cela ne tienne, un autre dinosaure du parti social-chrétien flamand, Herman Van Rompuy, accepte le poste après s'être fait prier quelques jours. Quant aux Francophones, ils semblent totalement absents du débat. Le fait de rappeler ainsi les « tontons flingueurs » montre à quel point la nouvelle classe politique belge est totalement scindée entre Flamands et Francophones. « L'État fédéral tient à six ou sept responsables politiques qui se comprennent encore », constatait en 2007 le futur Premier ministre Herman Von Rompuy. Il semble déjà loin, le temps où Lucien Outers, un des responsables du Front des Francophones bruxellois (FDF), recevait régulièrement, lors de ses vacances en France, la visite d'un de ses principaux adversaires politiques, Hugo Schiltz, l'homme fort de la Volksunie, à l'époque le plus important mouvement autonomiste flamand.

Si l'œil du cyclone semble s'éloigner, la crise reste prégnante. « La mission du chef du gouvernement fédéral est désespérée. D'abord parce que ce gouvernement n'est pas celui d'un pays, mais de deux. Qui évoluent différemment, qui développent d'autres vues et d'autres besoins, qui ont même une vision différente de ce que doit être un gouvernement fédéral », n'hésite pas à écrire *De Standaard*, le quotidien flamand de référence. De son côté, Jean-Pierre Stroobants, le correspondant du *Monde* à Bruxelles, écrit : « Jamais il est vrai la politique n'a offert dans ce pays le spectacle d'autant de désunion et de rivalités personnelles. Jamais on y a déploré une belle absence de vision. »

Les douze négociateurs – six Flamands et six Francophones – chargés d'esquisser le profil de la future Belgique continuent ainsi à se livrer à un dialogue de sourds. Là où les Francophones souhaitent conclure, selon les mots d'Armand De Decker, président du Sénat, qui dirige la délégation francophone, « un nouveau pacte des Belges » au sein d'un État fédéral, les Flamands, comme le précise Kris Peeters, leur chef de file, préconisent « une révolution copernicienne » visant à jeter les bases d'une confédération vidant le pouvoir central de la plupart de ses compétences.

Voilà même que le Conseil de l'Europe, jugeant « disproportionnée » l'invalidation, par les autorités flamandes, de l'élection de trois bourgmestres francophones de la périphérie de Bruxelles accusés d'avoir envoyé des convocations électorales en français, décide, début décembre 2008, de placer la Belgique sous surveillance (« *monitoring* ») pour l'inciter à bien appliquer la Charte de l'autonomie locale que le Royaume a ratifiée en 2004.

Quoi de plus normal que l'Europe commence à s'intéresser à la Belgique ? On peut même s'étonner de l'indifférence manifestée par les responsables de l'Union devant l'éventuelle dislocation de l'un des six pays fondateurs qui, de surcroît, abrite ses principales institutions. Le divorce belge est une « question grave », et l'Europe ferait bien de s'en soucier, souligne ainsi Philippe Moreau Defarges, professeur français de sciences politiques. Ce dernier pose ainsi une des questions qui sera peut-être au centre des discussions européennes dans les années à venir : comment concilier la stabilité des États et le droit des peuples à disposer d'eux-mêmes ?

Pendant ce temps, le fossé continue de se creuser entre les deux communautés. Même si la Flandre pourrait être davantage touchée par la crise, la différence entre les économies reste imposante. D'un côté, 6 millions de Flamands, avec un PIB par habitant de près de 28 000 euros, un taux de chômage de moins de 7 %, et 24 % de fonctionnaires. De l'autre, 3,3 millions de Wallons, avec un PIB de 20 000 euros, un taux de chômage de 18,4 %, et 38 % de fonctionnaires. Côte à côte, une des régions les plus riches d'Europe, et une des moins bien loties ! Les Flamands ont dès lors beau jeu d'user et abuser des calculs montrant l'importance des sommes que chacun d'entre eux débourse chaque année pour venir en aide à la Wallonie ; l'équivalent d'une voiture par an, proclament les plus extrêmistes. Chiffre sujet à caution ? Argument démago-gique ? Propos simplificateur ? Certainement. Mais sacrément payant, sur le plan électoral, par ces temps où la solidarité n'est sans doute pas une idée dominante en Europe.

L'évolution du patronat flamand, un des piliers de la région, est aussi symptomatique de cette rupture annoncée. En septembre 2006, 43 % des chefs d'entreprise flamands pensaient que l'heure de l'indépendance avait sonné. Une enquête qui confirmait la publication, en novembre 2005, du « Manifeste pour une Flandre indépendante dans une Europe unie », du groupe De Warande, rassemblant un certain nombre de dirigeants économiques du nord du pays. Quant aux patrons de petites et moyennes entreprises, 70 % d'entre eux se prononcent pour la régionalisation de tout ce qui touche à l'emploi : salaires, fiscalité, sécurité sociale, assurance-chômage.

Le paysage politique montre aussi un visage de plus en plus contrasté : la gauche semble totalement marginalisée en Flandre, dominée par la droite et l'extrême droite, alors que le Parti socialiste irrigue encore toute la Wallonie.

Chaque mois qui passe apporte son lot d'exemples montrant que cette différenciation s'accélère, y compris dans la vie de tous les jours. Le 23 octobre 2007, Nicolas Crousse, le critique cinématographique du *Soir*, déçu de ne pas avoir pu visionner – à Bruxelles ! – un film flamand dont on lui avait dit le plus grand bien, écrit : « Cela fait deux ans, au bas mot, qu'on disserte sur la nécessité de la survie (ou pas) de la Belgique. Dans le cinéma "belge", on a résolu la question depuis belle lurette : les cinémas du nord et du sud du pays n'ont absolument rien en commun. (...) On cohabite, en somme, sans plus rien partager. »

« Chers francophones, semble lui répondre Jeroen Overstijns, ancien critique littéraire du *Standaard*, il faut que vous sachiez quelques petites choses au sujet de la littérature flamande. D'abord, qu'elle ne connaît pas la littérature belge francophone. Ne vous alarmez pas, ce n'est pas par rancune (...). Ses bons sentiments ne poussent pas l'écrivain flamand à agir. Il tend la main à l'auteur francophone, mais sur papier seulement. Il n'y a ni déficit, ni excédent dans la balance commerciale littéraire entre la Flandre et la Wallonie. Il n'y a pas de balance commerciale. »

Le 27 novembre, on apprend que les Flamands ont décidé de faire sécession de la fédération de football amateur et de créer leur propre ligue, tout en jurant qu'ils continueront de participer aux championnats communs. « Nous croyons en la loyauté de nos amis flamands, confie, la main sur le cœur, un responsable du football wallon. Mais, ajoute-t-il, nous avons établi des garde-fous. Nous avons rencontré les dirigeants de la ligue du Nord française et du Luxembourg qui ont accepté de nous accueillir si, un jour, les Flamands décidaient la sécession sportive. » Appelés quelques semaines plus tard à élire les sportifs belges de l'année, les journalistes spécialisés votent de manière totalement différente selon leur « nationalité ». Pour les Flamands, les cinq meilleurs sportifs « belges » masculins sont tous flamands. Les Francophones sont à peine plus œcuméniques, puisqu'ils désignent quatre Francophones et un Flamand ! « Désormais, lorsque nous nous mettons d'accord, c'est pour constater nos différences », ironise un homme politique flamand à l'issue d'une négociation où les représentants des deux communautés se sont entendus pour donner plus d'autonomie aux autorités régionales en matière de transports.

« Allons-nous nous réveiller en "Absurdistan" ? » se demandaient les responsables d'un syndicat de transports, faisant allusion à d'éventuelles limitations de vitesse différentes en Flandre, en Wallonie et à Bruxelles. Déjà, en février 1990, le ministre des Transports du gouvernement flamand avait fait peindre en noir et jaune – les couleurs de la région – les poteaux de signalisation en Flandre !

Entre-temps, une enquête a montré que Francophones et Flamands recherchent sur Internet des sites bien différents. En matière de cuisine, par exemple, les Francophones interrogés disent qu'ils vont d'abord chercher sur la Toile des recettes marocaines, alors que les Flamands répondent qu'ils se branchent sur le site de Piet Huysentruyt, un chef très populaire. « Hors *You Tube* et *Facebook*, rien n'unit l'internaute francophone et son homologue flamand, conclut *Le Soir* : ni la géographie, ni les jeux, ni la consommation télé, ni la crise financière, ni la cuisine, ni la pop, ni le rock, ni le foot, ni le tennis, ni les JO, ni les parcs d'attractions. »

Comment en est-on arrivé là ?

LA FLANDRE NE DORT JAMAIS

CHAPITRE II

1830-1914 : Le temps du mépris

21 juillet 1831 : Léopold de Saxe-Cobourg-
Gotha prête serment devant les membres du
Congrès. D'une voix assurée, avec un léger
accent allemand, il jure, en français, de respecter la Constitution, de maintenir l'indépendance et l'intégrité de la Belgique. Un
moment de silence, et le premier roi des
Belges répète ce serment en néerlandais. Lui
qui parle l'allemand, l'anglais, le russe, le français, l'italien et le suédois, n'a pas eu de mal à
apprendre quelques phrases d'une des rares
langues européennes qu'il ne connaît pas. Les
personnalités présentes montrent leur désapprobation, voire leur colère : la langue de l'ennemi en un pareil moment ! Léopold n'en a
cure. Il sait, bien entendu, que la Belgique
vient de se libérer de la tutelle des Pays-Bas,

mais il sait aussi que la majorité de ses nouveaux sujets parlent sinon le néerlandais, du moins une langue qui lui est proche. En prononçant ces quelques mots, il devient le souverain de tout un pays et non pas d'une seule de ses composantes. Cet homme de grande lignée, dont on dit qu'il est un des meilleurs connaisseurs de la politique européenne, a compris avant tout le monde le danger que pourrait constituer la cohabitation de deux communautés à l'intérieur d'un même pays.

Malheureusement, la réalité est bien différente : non seulement Léopold Ier ne prononça pas un mot de néerlandais le 21 juillet 1831, mais il a fallu que passent soixante-dix-huit ans pour qu'on entende un roi des Belges, Albert Ier, prêter serment dans cette langue, très exactement le 23 décembre 1909 !

Ne tirons pas sur le pianiste. En agissant ainsi, Léopold Ier n'a fait que s'adapter aux mœurs en vigueur à l'époque en Belgique. Officiellement, sur les 4,2 millions d'habitants d'alors (1831), 2,4 millions (les Flamands et une immense majorité des Bruxellois) parlent le néerlandais, ou plutôt une langue proche du néerlandais, et 1,8 million (les Wallons), le français. En fait, 10 à 15 % seulement de la population s'exprime véritablement dans la langue de Racine, les autres utilisant les dialectes wallons et flamands[1]. Mais ces 10 % comptent autant, sinon plus, que les 90 %. Aujourd'hui, on dirait que la « Belgique d'en haut » parle français, laissant les dialectes flamands et wallons à la « Belgique d'en bas ». Et cela, en Wallonie et à Bruxelles, mais aussi en Flandre où la noblesse, la magistrature, la grande et la moyenne bourgeoisie, comme de nombreux écrivains, sont francophones. Ces Flamands parlant français, ces « fransquillons » (du flamand *Franskijons*, « petits Français »), occupent alors les postes clefs de l'économie, de la justice et de l'administration flamandes.

Cette incongruité n'est pas la seule dans la Belgique naissante. Comment pourrait-il en être autrement dans cette région charnière de l'Europe, entre Rhin et mer du Nord, à ce confluent des cultures latine et germanique, à ce carrefour des langues, des commerces, des idées, tour à tour champ de bataille et terre d'accueil ?

Longtemps les historiens tentèrent de montrer que le nationalisme belge préexistait à la création du pays. Aujourd'hui, ils s'accordent à dire qu'en fait il n'y avait, à l'époque, ni nation ni nationalisme belges. « La Belgique n'a pas de nationalité, et, vu le caractère de ses

---

1. A.Z. Zolberg, « Les origines du clivage communautaire en Belgique, esquisse d'une sociologie historique », in *Recherches sociologiques*, vol. VII, 1976.

habitants, ne pourra jamais en avoir », affirma même Léopold Ier. Pour les fondateurs de la Belgique, francophones dans leur immense majorité, la « francisation » pourrait aider à renforcer ce sentiment national si balbutiant. Ils ont tout faux : la ségrégation vis-à-vis du flamand va contribuer à forger une identité flamande qui, elle non plus, n'existait pas vraiment avant 1830. « La Flandre est un dérivé de la Belgique[1] », explique Geert Van Istendael.

On assiste ainsi à la naissance de deux mouvements qui vont, selon les époques, se conjuguer, s'opposer, s'ignorer, se battre. Pour créer un sentiment national belge, on « belgicise » à tout-va. L'histoire, par exemple. « Mais quand on n'a pas d'histoire et qu'il en faut une, il ne reste qu'à l'inventer, ironise Roel Jacobs (...). Tous ceux qu'on rencontre en cours de route, et qui ont l'air plus ou moins belges, on en fait des Belges[2]. » Les résultats sont probants : le sentiment d'appartenance à une nation belge va se renforcer au fil du temps. Comme va se renforcer, parallèlement, une personnalité flamande. Pour beaucoup de Flamands, la question principale qui se pose en ce milieu du XIXe siècle n'est pas tant de

---

1. Geert Van Istendael, *Le Labyrinthe belge*, Bordeaux, Le Castor astral, 2004.
2. Roel Jacobs, *Une histoire de Bruxelles*, Bruxelles, Racine, 2004.

savoir quelle langue parler dans cette Belgique qui paraît pour le moment une notion bien lointaine, mais comment faire pour manger à sa faim. Dans la terminologie médicale du XIXᵉ siècle, le « mal des Flandres » ne désignait-il pas l'état d'un patient sur le point de mourir de faim ? La Flandre est alors considérée comme une des régions d'Europe où les conditions de vie des plus pauvres sont les plus rudes. Des hordes de mendiants errent dans la campagne, terrorisant les habitants, et, dans certains villages où survivent jusqu'à 40 % d'indigents, les gardes champêtres inspectent les maisons tous les jours pour voir si leurs occupants sont toujours en vie.

Une seule solution : l'exode. Vers des pays lointains comme les États-Unis, ou plus proches comme la France. Vers la Wallonie, surtout : « Un sentier minier va de Zottegem à Renaix, passant par le village wallon d'Ellezelles. Un autre relie Grammont à Charleroi. Ces chemins sont maintenant le domaine des joggers qui ne se doutent pas qu'ils mettent leurs pas dans ceux d'un nombre inconnu de Flamands partis pour la Wallonie, presque tous définitivement [1] », raconte Guido Fonteyn.

---

1. Guido Fonteyn, *Adieu à Magritte. La Wallonie d'hier et d'aujourd'hui*, Bordeaux, Le Castor astral, 2006.

Cette misère, ici comme ailleurs et hier comme aujourd'hui, s'accompagne de l'opprobre et de la longue litanie des défauts attribués aux « autres », surtout s'ils sont pauvres. Ainsi les Flamands sont des « saoulards », des « querelleurs », des « *boyos* » (« paresseux » en patois wallon). D'une jeune fille qui a un furoncle sur le visage on dit qu'elle a « embrassé un Flamand ». Un homme politique libéral, Raoul Warocqué, suggère à Léopold II, roi de 1865 à 1909, de remplacer les mineurs flamands par des coolies indochinois.

Qu'apporte la Belgique qui vient de naître à cette Flandre miséreuse, humiliée par sa propre bourgeoisie ? Pas grand-chose, pour le moment. Un livre va la réveiller. « Toi, Flamand qui as lu ce livre, réfléchis, à la lumière des actes héroïques qu'il contient, à ce que la Flandre a été autrefois, à ce qu'elle est maintenant, et à ce qu'elle sera si tu négliges les saints préceptes de tes pères. » Ainsi se termine *De Leeuw van Vlaanderen* (*Le Lion des Flandres*), publié en 1838, qui va servir de révélateur au mouvement flamand. Il célèbre la bataille de Courtrai, ou « bataille des Éperons d'or », le 11 juillet 1302, au cours de laquelle les milices flamandes ont étrillé les troupes du roi de France Philippe le Bel. Embourbés dans les marécages, les chevaliers français ont été massacrés par les soldats flamands qui ramassaient dans la boue les ornements abandonnés par les Français, et notamment des éperons d'or. Le 11 juillet est aujourd'hui le jour de fête de la communauté flamande.

L'auteur de cette fresque, Henri – devenu Hendrik – Conscience, est lui-même l'incarnation d'un concentré des contradictions du nouveau pays. Né d'un père francophone, il voit le jour à Anvers en 1812. Il participe à la révolution de 1830 et s'engage dans la toute nouvelle armée belge. Là, entouré de Flamands de toutes les régions et de toutes les catégories sociales, il décide d'écrire en flamand, cette langue méprisée qu'il trouve, lui, « romantique, mystérieuse, profonde, énergique, voire sauvage ». Son père le met à la porte quand il apprend qu'il écrit en néerlandais. Avec d'autres écrivains flamands qui supportent mal la domination imposée du français, Henri Conscience rédige en 1846 un manifeste qui va constituer la base du mouvement flamand : « La Belgique se trouve dans une situation artificielle qui (...) constitue une menace constante pour l'existence même de la patrie (...). La majorité de la nation est dominée par l'autre partie, minoritaire (...). Cette animosité témoignée envers notre langue maternelle, ce danger qui menace l'existence de notre patrie, nous voulons que tout cela cesse. » « Où ne vit point de langue, n'y a point de peuple », ajoutera le poète Guido Gezelle.

Ce mouvement flamand, initié par des intellectuels, va recevoir le soutien des « petits curés », attachés à leurs patois locaux, qui manifestent autant d'antipathie envers le français, l'expression des révolutionnaires et des « sans-Dieu », qu'envers le néerlandais, langue de l'ancien occupant et véhicule du protestantisme. Un appui de poids dans une région profondément catholique. Figure emblématique de ce clergé de base, le père Daens se bat pour le suffrage universel et en même temps pour la reconnaissance des droits des Flamands. Élu à la Chambre, il crée un parti défendant ces deux causes. C'en est trop pour l'establishment catholique. Le chef du parti catholique, l'évêque de Flandre orientale, le roi Léopold II, et même le pape le condamnent. Interdit de célébrer la messe, il quitte l'Église avant de mourir, en 1907.

L'histoire du père Daens constitue un de ces mythes fondateurs qui font aujourd'hui partie intégrante de l'histoire de la Flandre. Dans ce « panthéon » figurent aussi deux hommes, Jan Coucke et Pieter Goethals, décapités en 1860 pour avoir assassiné et volé une veuve. « Ils ont été condamnés parce qu'ils ne comprenaient pas le français, la langue de la justice, et n'ont pas pu se défendre », affirment les militants flamands. Autre image d'Épinal : celle du « petit Schoep ». En 1872, Jozef Schoep, un Flamand vivant dans une des communes de Bruxelles, refuse de rédiger en français la déclaration de naissance de son enfant à l'administration communale. Il sera condamné à une amende, fera appel, et ses avocats n'auront pas le droit de plaider en néerlandais. Plusieurs milliers de personnes défileront dans les rues de Bruxelles pour manifester leur mécontentement. (Un an plus tard, le néerlandais sera reconnu comme la langue des tribunaux en Flandre.)

La majorité des écrivains flamands écrivent en français. Charles de Coster, né d'un père flamand et d'une mère wallonne, publie en 1867 *La Légende et les aventures héroïques, joyeuses et glorieuses d'Ulenspiegel et de Lamme Goedzak au pays de Flandre et d'ailleurs,* qui raconte la vie d'un jeune héros, Ulenspiegel, symbole de la résistance flamande à l'oppression du roi d'Espagne, Philippe II, au XVIe siècle. Ce chef-d'œuvre, traduit dans toutes les langues et qui fut porté à l'écran par Gérald Philipe, est considéré aujourd'hui comme le départ d'une littérature belge originale, qui, bien qu'écrite en français, se démarque de ce qui se fait à Paris.

De Coster aura ouvert la voie. Notamment aux « trois géants de Gand » qui, même s'ils écrivent eux aussi en français et vivent à Paris, ne cessent de chanter leur région et ses habitants : Émile Verhaeren, « le Victor Hugo des Flandres », Maurice Maeterlinck, « le Shakespeare belge », prix Nobel de littérature en 1911, et enfin Georges Rodenbach, le poète de « Bruges la morte ».

L'instauration en 1893 du suffrage universel, même « tempéré » (un homme marié, père de plusieurs enfants et bénéficiant de hauts revenus, pouvait disposer de deux, voire de trois voix) va avoir une conséquence fondamentale sur les rapports entre Francophones et Flamands, ceux-ci représentant désormais une force politique incontournable. Ainsi, en 1898, le Parlement vote – difficilement – une loi dite « d'égalité » donnant au néerlandais la même valeur juridique que le français. Il faudra toutefois attendre 1925 pour voir la Constitution publiée en néerlandais au *Moniteur* (le journal officiel), et 1967 pour que cette version ait même valeur juridique que la version française !

Cette loi d'égalité, même si elle reste longtemps lettre morte, exaspère certains Francophones dont la virulence à l'égard du flamand paraît aujourd'hui ahurissante. *Le Soir*, quotidien considéré comme « libéral », part ainsi en croisade contre « la prétention d'imposer une langue inutile, isolante, pauvre à tous points de vue, à des Belges qui possèdent un verbe d'une excellence exceptionnelle. » En 1907, sous le titre : « Faut-il bégayer par amour du bègue ? », le journal affirme : « Quoi que l'on dise et quoi que l'on fasse, les Flamands, sans que personne songe le moins du monde à les y contraindre, parleront tous un jour le français. C'est inévitable. » La suite va plus loin dans l'obscénité : « Dans les familles les plus unies, il arrive parfois qu'un membre se trouve affligé d'un défaut de prononciation. Que fait-on ? On cherche à le guérir. Mais a-t-on jamais vu en pareil cas la famille entière se mettre à bégayer pour témoigner de son amour au bègue ? »

En 1914, si Albert Ier, le roi régnant, a prêté serment en néerlandais, si les lois linguistiques votées en 1898 ont été progressivement amendées en faveur de la reconnaissance du néerlandais, notamment dans l'enseignement primaire, on est encore très loin d'une réelle égalité entre les deux langues. Alors que les Flamands sont numériquement plus nombreux que les Francophones, on compte ainsi beaucoup plus d'écoles où l'enseignement est dispensé en français. On constate aussi que le français est enseigné comme première langue dans 90 % des écoles flamandes, alors que le néerlandais est enseigné dans 11 % seulement des écoles francophones. Toutes les universités sont encore francophones. À Bruxelles, située géographiquement en Flandre et dont l'immense majorité des habitants parlaient le flamand au début du XIXe siècle, la « francisation » s'accélère.

Pour montrer la lenteur des réformes, Guy Verstraeten a imaginé l'histoire du « petit Jan » qui naît en Flandre en 1830. « Il a 10 ans quand il entend parler de la première pétition flamande. Il en a 17 quand il apprend que Conscience lance un manifeste flamand. Il en a 26 quand une commission se met à étudier la situation au Nord [la Flandre], 27 quand elle rend son rapport, 29 quand il apprend que Charles Rogier [ministre en charge du dossier] enterre l'affaire. Jan a 43 ans quand on impose le flamand au tribunal, 58 quand il voit le premier billet de banque bilingue. Jan (pauvre et sans diplôme) a 63 ans quand on lui accorde le droit de vote, 68 ans quand on fait du néerlandais une langue officielle. Quant à la flamandisation de l'université de Gand, Jan en laissera l'éventuel bénéfice à son arrière-petit-fils. Exigée dès 1840, elle interviendra en 1930[1]. »

---

1. *Le Soir*, « Saga Belgica, 178 ans de conflit communautaire », *op. cit.*

Exaspéré, voire transcendé par ce mépris pour sa langue, le mouvement flamand va se renforcer, et, par ricochet, favoriser la naissance du mouvement wallon, qui restera toujours beaucoup moins important et moins pugnace. Le premier Congrès wallon se tient en 1890 et ce n'est, en fait, qu'en 1905 que se dessinera l'idée d'une identité wallonne. (La première apparition reconnue du mot « Wallonie » date de 1842, et ce n'est qu'en 1844 que ce mot sera employé dans son sens actuel désignant « la partie romane de la jeune Belgique », et en 1886 qu'il prendra son sens politique d'affirmation culturelle régionale.)

Le mouvement wallon sera toujours divisé entre ceux qui prônent le resserrement des liens – quand ce n'est pas un rattachement pur et simple – avec la France, et ceux qui réclament une plus grande autonomie, voire l'indépendance de leur région.

Si les Flamands n'ont eu aucune difficulté à choisir leurs symboles patriotiques – le lion noir sur fond jaune comme étendard, *le Lion des Flandres* comme hymne, la commémoration de la bataille des Éperons d'or comme fête « nationale » –, les Wallons ont longtemps tergiversé avant de se décider. « La revendication d'un emblème wallon, raconte l'historienne Anne Morelli, fut posée pour la première fois en 1905 et suivie du vœu du Congrès wallon de faire des recherches pour retrouver quel avait pu être le drapeau ou l'emblème des régiments wallons du XVIIIe siècle, "car il vaudrait mieux retrouver plutôt qu'inventer un drapeau wallon"[1]. » Cette recherche historique ne se révélant pas probante, une enquête fut lancée aux quatre coins de la région. « En fait, poursuit Anne Morelli, ce "besoin d'unité" débouche sur une multitude de propositions d'emblèmes : perron de Liège, étoile, coq, alouette, taureau, sanglier, écureuil et même lion. Toutes les couleurs de l'arc-en-ciel sont également proposées. » Après avoir aussi éliminé le drapeau bleu-blanc-rouge suggéré par de nombreux Wallons, le Congrès se prononça pour un coq rouge sur fond blanc qui, pour se différencier de son cousin français, ne chante pas, mais a une patte levée.

Ce n'est qu'en 1998 – oui, 1998 ! –, après des discussions épiques, que le Parlement wallon se décida à adopter pour hymne « national » *Li Tchant dès Walons* (Le Chant des Wallons), paroles de Théophile Bovy et musique de Louis Hillier, qui date du début du XXe siècle. Une décision prise après de longs débats, et même après un concours qui n'avait rien donné. Si certains parlementaires ont défendu le choix de *la Marseillaise,* très sou-

---

1. Anne Morelli (dir.), *Les Grands Mythes de l'histoire de Belgique, de Flandre et de Wallonie,* Bruxelles, Éditions Vie ouvrière, 1995.

vent chantée lors des manifestations, d'autres en tenaient pour *Le Valeureux Liégeois*, le chant de la principauté, ou *Li Bia Bouquet*, l'hymne des Namurois, quand ce n'était pas *Le Doudou*, la chanson de la ville de Mons.

Autant de difficultés pour fixer le jour de la fête de Wallonie. Pour ne pas favoriser telle ou telle « sous-région », les députés durent se rabattre sur le 27 septembre 1830, jour de l'érection des barricades à Bruxelles, prélude à l'indépendance de la Belgique. Même si les historiens font remarquer que cet événement fut essentiellement bruxellois et que des Flamands y participèrent en nombre aux côtés des volontaires venus de Wallonie...

Le mouvement wallon franchit un pas fondamental le 15 août 1912. Ce jour-là, un avocat de Marcinelle, Jules Destrée, une des figures marquantes du socialisme belge, publia dans la *Revue de Belgique* une « Lettre au Roi sur la séparation de la Wallonie et de la Flandre » qui contient la phrase devenue célèbre : « Laissez-moi vous dire la vérité, la grande et horrifiante vérité : Il n'y a pas de Belges, mais des Wallons et des Flamands. » Destrée semblait répondre directement au poète de Mons Antoine Clesse, qui avait trouvé la formule tout aussi célèbre : « Flamands et Wallons, ce ne sont là que des prénoms, Belge est notre nom de famille. »

La lettre de Destrée comme la montée en puissance du mouvement flamand allaient faire prendre conscience de leurs racines à de nombreux Wallons qui, pour l'heure, ne cultivaient aucune forme de régionalisme et se sentaient d'abord belges.

Même si la situation économique générale est alors fort différente d'une région à l'autre, les ouvriers wallons ont bien des points communs avec leurs « frères de misère » flamands. Eux aussi vivent dans des quartiers sordides, sont en proie à l'alcoolisme, victimes de la promiscuité et des maladies. Eux aussi parlent leur dialecte alors que la bourgeoisie s'exprime en français. Un signe : dans certains contes de Noël, les anges parlent le français, et les bergers le wallon !

« Si le français, précise la linguiste Astrid von Busekist, peut être considéré comme la langue principale, comme la langue véhiculaire ou professionnelle de bon nombre de Wallons, le flamand, séparé du néerlandais et tombé en désuétude depuis le XVIe siècle, n'est que la dénomination commune d'une multitude de parlers vernaculaires, un paysage très varié de dialectes sans référence à une langue normale unique[1]. »

---

1. Astrid von Busekist, *La Belgique. Politique des langues et construction de l'État*, Bruxelles, Duculot, 1998.

Autre différence, et de taille : alors qu'en Flandre ce sont surtout les « petits curés » et l'Église qui structurent le peuple, en Wallonie celui-ci s'organise autour du parti socialiste, des syndicats et des autres organisations ouvrières. Les premières coopératives voient le jour, telles les Maisons du peuple. Les ouvriers, les mineurs commencent à prendre conscience de leur pouvoir et à entrevoir les bienfaits de l'émancipation sociale. La création en 1885 du Parti ouvrier belge (POB), ancêtre du Parti socialiste, a modifié la donne politique. Le Parti catholique et le Parti ouvrier vont alors dominer la vie politique du Royaume. Si le premier arrive en tête en Flandre, le second domine en Wallonie, dépassant parfois la majorité absolue.

Le 3 mars 1886, Alfred Defuisseaux, avocat acquis aux idées progressistes et qui défend essentiellement les mineurs victimes d'accidents du travail, écrit, en pleine campagne pour l'instauration du suffrage universel, un « catéchisme du peuple » qui sera tiré à 170 000 exemplaires en Wallonie et 60 000 en Flandre. Extrait :

« Qui es-tu ?
– Je suis un esclave.
– En quoi reconnaissez-vous en Belgique l'homme libre de l'esclave ?

« – En Belgique, l'homme libre est riche, l'esclave est pauvre.

– L'esclavage existe-t-il dans d'autres pays ?

– La république française, la république suisse, la république des États-Unis [*sic*], et d'autres encore ne sont composés que d'hommes libres. Tous les citoyens font les lois, et tous s'y soumettent.

– Qu'est-ce qu'un catholique ?

– Un catholique est un homme qui cherche à faire ses affaires au détriment du Trésor de l'État... »

Accouchement difficile, persistance des querelles linguistiques, fracture politique et religieuse : en 1914, alors que pour la première fois de son histoire la Belgique est entraînée dans une guerre internationale, on pourrait penser que ce pays dont personne, répétons-le, ne croyait qu'il survivrait, fait figure d'« homme malade » de l'Europe. Que non ! Le « miracle belge » continue d'étonner le monde, et le Royaume affiche une bonne santé insolente. N'est-il pas – en termes relatifs, s'entend – la première puissance économique du monde ? Il a accompli plus tôt que les autres sa révolution industrielle, notamment dans la sidérurgie, son réseau bancaire est performant, sa politique commerciale agressive. Regorgeant d'ivoire, de caoutchouc, de bois précieux, de ressources minières, d'une superficie quatre-vingts fois plus vaste que la Belgique, le Congo, d'abord propriété personnelle du roi Léopold II, colonie belge depuis 1909, contribue grandement à l'essor économique du Royaume.

Le 4 août 1914, l'armée allemande entre en Belgique. Pour qui ne sait pas quelles sont ses blessures cachées, c'est un peuple uni qui va répondre à l'appel de son roi et défendre sa patrie.

CHAPITRE III

1918-1940 : « Tout pour la Flandre, la Flandre pour le Christ ! »

Si un jour la Belgique a existé unie, heureuse, fière d'elle-même et de l'image que lui renvoie le monde, c'est bien ce vendredi 22 novembre 1918 où un million de personnes réservent un accueil enthousiaste au roi Albert Ier et à la reine Élisabeth, entrant à cheval dans la capitale après avoir résisté sur le front de l'Yser. Les Bruxellois chantent *la Brabançonne*, jettent des fleurs depuis les balcons, s'embrassent. Les mêmes scènes se reproduisent dans toutes les villes de Belgique où se rend le couple royal. Avec Albert Ier, « le héros le plus grand et le plus sympathique de tout le XXe siècle », selon le romancier espagnol Blasco Ibañez, le pays a enfin « son » icône unificatrice. « Ce fut dès lors l'apogée de la

Belgique et de sa monarchie. L'idée d'une spécificité belge s'imposa, qui tenait la balance
égale entre les deux cultures voisines. La
"nation belge" avait été fabriquée par la guerre
et la foi des Belges dans leur destin éclata en
signes multiples [1] », écrit René Swennen.

La Belgique continue de se structurer,
notamment en jetant les bases d'un système de
sécurité sociale et d'un dialogue entre partenaires sociaux qui seront cités en exemple.
L'instabilité politique – vingt-quatre gouvernements vont se succéder entre 1918 et 1940 –
est pondérée par la permanence et la puissance d'organisations dépendantes des deux
grandes familles politiques qui confortent le
citoyen, le rassurent, lui assignent une ligne de
conduite, la communauté philosophique rem-
plaçant ainsi la communauté nationale. On est
certes belge, flamand, wallon ou bruxellois,
mais on est aussi chrétien ou libre penseur.
Les premiers ne se contenteront pas de voter
pour le Parti catholique aux élections, ils
seront aussi affiliés à un syndicat catholique,
auront une mutuelle catholique, mettront
leurs enfants à l'école catholique, et, s'ils
aiment la musique, feront partie d'une fanfare
catholique. Même chose pour les socialistes.
Les Belges commencent alors à s'habituer à

---

1. René Swennen, *Belgique Requiem*, Paris, La Table ronde, 2005.

vivre au gré de coalitions empruntant à toutes les combinaisons possibles entre les trois partis dits « de gouvernement » : socialistes, libéraux et catholiques, qui sont encore unitaires. Si catholiques et socialistes se disputent la première place au niveau national, les premiers sont toujours prédominants en Flandre, les seconds en Wallonie.

La reconnaissance des droits des Flamands va se poursuivre à marche forcée durant l'entre-deux-guerres. L'introduction en 1919 d'un suffrage quasi universel (les femmes, flamandes comme wallonnes, en sont encore exclues) est très favorable à la Flandre qui connaît un exceptionnel boom démographique.

Trois dates vont marquer cette période :

• *1921* : une loi stipule que l'on parlera désormais uniquement le flamand dans les administrations situées en Flandre, uniquement le français dans les administrations wallonnes, et les deux langues à Bruxelles. La « frontière linguistique » est née, qui n'a pas fini de faire parler d'elle. Pour le moment, elle n'est pas encore figée et pourra évoluer selon les recensements. À Bruxelles, la francisation se poursuit. Sur 200 000 habitants, 125 000 parlent désormais le français, et 70 000 le flamand.

• *1930* : le 5 avril, le Parlement vote la « néerlandisation » totale de l'université de

Gand, que les Flamands réclamaient depuis 1840. « Désormais, écrit Guy Verstraeten, une nouvelle génération de Flamands pourra étudier dans sa langue maternelle, de l'école primaire à l'université. S'achève ainsi l'un des plus grands combats du mouvement flamand. Il y en aura d'autres [1]. »

• *1932* : une nouvelle loi consolide l'homogénéité linguistique de la Flandre et de la Wallonie. Désormais, les agents de l'État ne devront plus être bilingues, comme il était stipulé auparavant. Les Flamands se félicitent d'être enfin maîtres chez eux. La majorité des fonctionnaires francophones n'étant pas bilingues, contrairement aux Flamands, on respire, en Wallonie, à l'idée d'avoir évité l'instauration d'un « bilinguisme généralisé » qui, selon certains, aurait entraîné une « colonisation » de la Wallonie. Ces dispositions signent l'arrêt de mort de la domination des Francophones de Flandre, les « fransquillons », obligés désormais d'employer le néerlandais dans leurs rapports avec l'administration. Fin d'une époque.

Ces avancées vers l'égalité ne se font pas sans anicroches. Ainsi, en septembre 1930, alors que le pays tout entier célèbre à la fois

---

1. *Le Soir*, « Saga Belgica, 178 ans de conflit communautaire », *op. cit.*

son centième anniversaire et la naissance du futur roi Baudouin, *De Standaard,* le quotidien flamand, catholique et monarchiste, administre une volée de bois vert à *La Libre Belgique,* tout autant monarchiste et catholique, mais francophone : « Personne de la rédaction ne parle flamand, personne n'est capable de lire un journal flamand, un tract flamand, un livre flamand, un discours flamand. Personne ne peut se faire une idée de l'état d'âme des Flamands, de la progression du mouvement flamand et des objectifs politiques des catholiques flamands ». Un peu plus tard, le responsable socialiste francophone Émile Vandervelde écrit : « À la lueur des faits, je suis depuis longtemps arrivé à cette conclusion que dans un pays comme le nôtre, où vivent côte à côte deux populations qui ne diffèrent pas seulement par la langue, le meilleur moyen, et peut-être, à la longue, le seul moyen d'éviter le séparatisme c'est de faire à l'autonomisme de larges concessions. »

Et *Le Soir* continue de se moquer allègrement de la langue flamande. Un chroniqueur écrit ainsi en 1938 : « Quelque chose manquait au bonheur des nègres du Congo belge. Ce quelque chose, c'est le flamand. Tel est du moins l'avis d'un de nos honorables qui veut que dans notre colonie toutes les inscriptions soient bilingues, même les plaques des rues, et qui affirme que le recrutement devrait se faire pour moitié parmi le personnel indigène connaissant le néerlandais, et pour moitié parmi le personnel indigène connaissant le français. Il y aura de la joie dans la hutte de Bamboula où les négrillons en délire se raconteront des histoires en se tapant sur les cuisses... »

Une fois passé l'enthousiasme de la victoire, une fois installée la légende d'Albert II, une fois éprouvée la communion dans la joie de la victoire, Francophones et Flamands vont régler leurs comptes. Les premiers exagèrent à dessein le nombre des « activistes », ces militants flamands qui ont voulu profiter de l'occupation allemande pour obtenir l'autonomie, voire l'indépendance de la Flandre. « *Nu of nooit* » (« C'est maintenant ou jamais ») proclamaient ces extrémistes qui s'appuyaient sur la *Flamenpolitik*, la politique flamande des Allemands. Ceux-ci, voulant accentuer les dissensions linguistiques et affaiblir la Belgique en favorisant leurs « cousins germains » flamands, seront allés jusqu'à proclamer l'autonomie de la Flandre.

Après la Libération, nombre de ces « activistes » furent poursuivis devant les tribunaux, et d'autres se réfugièrent à l'étranger. Même s'ils furent peu nombreux – environ 20 000 militants actifs, un peu plus de 50 000 sympathisants –, ils marquèrent à jamais le mouvement flamand. L'image du « Flamand collabo », aimablement exagérée par les Francophones, aura la vie dure. En 1977, Jacques Brel ne cloua-t-il pas au pilori ces « flamingants nazis durant les guerres et catholiques entre elles » ?

Né durant la Première Guerre mondiale, un autre contentieux – peut-être le plus important dans l'inconscient flamand –, devait aggraver les relations entre les deux communautés. Derrière l'union sacrée, un drame s'est noué sur les champs de bataille où les soldats flamands se sont rendu compte à quel point ils étaient discriminés. Pourquoi étaient-ils proportionnellement beaucoup plus nombreux que leurs compatriotes wallons dans les régiments les plus exposés ? Pourquoi leurs officiers parlaient-ils le français, et très peu le néerlandais ? Le roi lui-même en convint : « Ce n'est pas tant l'ignorance linguistique [du néerlandais] des officiers dont on se plaint, mais du manque d'estime que les chefs témoignent aux Flamands et de l'ostracisme dont ils sont l'objet chaque fois qu'il y a une place à conférer. »

S'est alors forgé un autre mythe fondateur de la nation flamande, peut-être un des plus puissants, à en croire ces jeunes Flamands qui, aujourd'hui encore, y font systématiquement référence lorsqu'on évoque devant eux le passé de leur peuple. Non seulement, disent-ils, 85 %, voire 90 % des soldats qui souffraient dans les tranchées étaient flamands, mais beaucoup d'entre eux sont morts pour n'avoir pas compris les ordres que leur donnaient leurs officiers francophones.

Aujourd'hui, même si les historiens – les francophones comme les flamands – réduisent à la baisse les chiffres évoqués, et ne trouvent pas d'exemples fondés de soldats ayant trouvé la mort du fait de leur incompréhension du français, le mythe est ancré dans l'imaginaire flamand. Et il est entretenu chaque année par le pèlerinage de l'Yser, devenu le haut lieu du nationalisme flamand. Organisé à Dixmude depuis 1920 en mémoire des soldats flamands morts durant la Grande Guerre, il rassemble des dizaines de milliers de manifestants mêlant slogans pacifistes et autonomistes, reprenant le message des « frontistes », ces intellectuels flamands engagés dans l'armée pour partager le sort de leurs compatriotes : « Plus jamais de guerre. Autonomie et Paix de Dieu ! »

Inaugurée en août 1930, la tour de l'Yser, immense construction de 84 m de haut érigée à Dixmude, « le plus grand monument de la paix en Europe », mélange aussi aspirations pacifistes et nationalistes. À l'intérieur de la crypte reposent trois soldats belges morts durant la guerre : un Wallon, Amé Fievez, et deux Flamands, les frères Van Raemdonck. Ces deux derniers sont devenus des héros de la cause flamande. Ne raconte-t-on pas qu'ils sont morts enlacés, le plus jeune criant à ses compagnons de misère qu'il mourait pour la Flandre ? La vérité ne fut rétablie qu'en 1996 : le jeune Flamand était mort dans les bras de son camarade wallon.

Si sur un des flancs de la tour on peut lire l'inscription : « Plus jamais la guerre » écrite en néerlandais, en français, en allemand et en anglais, la tour est dominée par les lettres croisées :

A

VVK

V

Soit : « *Alles Vooz Vlaanderen, Vlaanderen Vooz Kristus* » (« Tout pour la Flandre, la Flandre pour le Christ »), le slogan choc du mouvement flamand qui, en dépit des apparences, est sorti considérablement renforcé de la guerre.

Si les nationalistes wallons ont aussi leur pèlerinage, il ne peut en rien être comparé aux grand-messes de la mystique flamande de Dixmude. Quelques dizaines seulement de militants wallons se sont retrouvés en 1928 devant le monument dit de l'Aigle blessé, à Waterloo, hommage au dernier carré des soldats des armées napoléoniennes regroupés autour du général Cambronne, résistant aux attaques prussiennes. Cette manifestation à l'Aigle blessé qui se veut, selon un de ses responsables, « le témoignage de nos libertés, de nos valeurs, de notre latinité et de ses symboles », restera toujours confidentielle, sauf vers la fin des années 1930.

Victime de dissensions internes comme de la vague de patriotisme belge qui a déferlé sur la Belgique après la guerre, le mouvement wallon n'a, en fait, connu un nouveau départ qu'à partir de 1930. C'est aussi à cette époque qu'il s'est concentré sur la Wallonie en laissant de côté la défense des Bruxellois et des francophones de Flandre. Avec toujours, comme fil rouge, l'approfondissement des liens avec la France. Ainsi, dans l'entre-deux-guerres, il combatit la politique de neutralité du roi Léopold III, approuvée par le gouvernement, qui privait la Belgique de l'appui de la France en cas de conflit avec les Allemands. Les militants wallons voulaient s'opposer par là au mouvement flamand qu'ils dénonçaient comme antifrançais et pro-allemand. C'est notamment pour témoigner de leur attachement à la France qu'en 1939 plus de 20 000 personnes se rendirent à la manifestation devant le monument à l'Aigle blessé, à Waterloo.

Tous avaient en mémoire des extraits du « catéchisme wallon » écrit par Albert du Bois peu avant la guerre :

« À quelle race appartiennent les Wallons ?
– À la race française.
– Quel est le caractère national du peuple wallon ?
– Les Wallons ont exactement le même caractère que les Français de l'Est et des Ardennes françaises.
– Si tout cela est exact, nous serions donc des Français ?
– OUI. »

Réponse du « catéchisme flamand », distribué sous le manteau aux soldats flamands :

« Depuis quand cette existence de seconde classe dure-t-elle ?
– Depuis que la Belgique est indépendante.
– Y a-t-il des Flamands de souche qui préfèrent les Français ?
– Parmi les animaux, parmi toutes les autres créatures, une telle hostilité envers sa propre race serait impossible ; mais la propension

humaine aux comportements non naturels et à la stupidité excède de loin celle des animaux. Il y a, hélas, beaucoup de tels Flamands. »

La montée des idées d'extrême droite en Europe dans les années trente n'épargna ni la Flandre ni la Wallonie. Le mouvement flamand, qui rassemblait des personnes d'horizons bien différents, éclata en 1932 au profit de deux partis d'obédience nettement fasciste : le Verdinaso et le Vlaams National Verbond (VNV) dont un des slogans, « *Belgïe Kapot* », vouait le Royaume aux gémonies.

Les Wallons ne furent pas en reste. Aux élections de 1936, le mouvement d'extrême droite Rex, de Léon Degrelle, envoya vingt et un députés à la Chambre, autant que le Parti libéral. Degrelle commit alors la grave erreur de s'allier avec les partis nationalistes flamands. Il signa ainsi un accord, qu'il qualifia d'« événement certainement le plus considérable qui se soit produit depuis 1830 », avec le chef du VNV prônant « la transformation du régime unitaire belge en un État fédéral ». Cette prise de position choqua de nombreux sympathisants de Rex qui se présentaient d'abord comme des patriotes belges, souvent anti-allemands et toujours royalistes.

Le prestige de la famille royale n'aura jamais été aussi fort qu'entre les deux guerres.

Albert Ier, le « Roi chevalier », un homme simple qui se sentait et se proclamait « profondément belge », loin de la solitude glacée de Léopold Ier et du mépris sarcastique de Léopold II, continua d'être très populaire. Près de 2 millions de personnes se presseraient dans les rues de Bruxelles à son enterrement en février 1934. Pour la première fois, les Belges étaient sincèrement touchés par la mort d'un de leurs souverains.

Un autre drame allait rassembler les Belges dans le malheur : le 29 août 1935, la reine Astrid, épouse du roi Léopold III qui avait succédé à son père Albert Ier, se tua dans un accident de voiture en Suisse. Venue de Suède, l'« inoubliable Princesse des neiges », dont on a dit qu'elle avait servi de modèle à la Blanche-Neige de Walt Disney, avait charmé toute la Belgique. Les Flamands se souviennent de son arrivée, tout de blanc vêtue, dans le port d'Anvers. Quant aux Wallons, ils n'ont pas oublié la manière dont, en visite à Liège, elle parvint à charmer une foule au départ hostile, en prenant son deuxième fils dans ses bras et en le tendant vers la foule. « Pour la Belgique, en deuil du roi le plus respecté et le plus vénéré qui eût existé, la reine Astrid fut (...) comme l'ange gardien de notre peuple, le sourire de notre espoir », écrivait *Le Soir* avant ses obsèques. Le 3 septembre 1935, Léopold III, le bras en écharpe, un pansement sur la joue (il avait été blessé dans l'accident qui avait coûté la vie à son épouse), suivit à pied le cercueil d'Astrid, précédant les officiels. Forte fut l'image de cet homme en uniforme, seul entre deux haies de près de 2 millions de personnes, et qui soudain s'effondra, en larmes.

Derrière la douleur du roi, c'était peut-être l'avenir de la Belgique qui était en train de se jouer, car l'histoire du Royaume aurait vraisemblablement été bien différente si la reine Astrid avait été aux côtés de Léopold durant la Seconde Guerre mondiale.

CHAPITRE IV

1940-1960 :
les Wallons montrent les dents

12 mars 1950 : appelés aux urnes pour se prononcer sur le retour au pouvoir du roi Léopold III, les Belges répondent « oui » à près de 58 %. Partout ailleurs, la cause aurait été entendue et le souverain aurait retrouvé son trône. Pas en Belgique. Le suffrage universel laisse en effet apparaître pour la première fois de manière aussi flagrante un divorce radical entre les régions. Si en Flandre 72 % des électeurs se sont prononcés pour le retour du roi, ils n'ont été que 48 % à Bruxelles, et encore moins – 42 % – en Wallonie. Le leader socialiste Paul Henri Spaak a alors ce mot terrible : « Nous ne sommes pas divisés, nous sommes affreusement déchirés. »

La « question royale », sans doute la crise la plus grave de l'histoire du Royaume, qui va marquer à jamais les relations entre Flamands et Francophones, commence en 1940. Contrairement à la plupart des souverains européens, Léopold III refuse de quitter son pays envahi par les Allemands. Alors qu'un gouvernement en exil est formé à Londres, les Belges, dans leur immense majorité, soutiennent la décision de leur roi de rester parmi eux. « Le pays presque tout entier se rallia autour du roi, écrit Paul Struye, ce fut un mouvement d'une spontanéité, d'une unanimité et d'une intensité exceptionnelles dans nos annales[1]. »

La suite fut moins heureuse. En juin 1944, les nazis en pleine déroute emmènent Léopold III et sa famille en Allemagne, puis en Autriche où ils seront libérés par les troupes américaines. En mai 1945, Léopold III se prépare à rentrer à Bruxelles lorsque son frère, le prince Charles, désigné comme régent du royaume, lui explique, gêné, que le gouvernement n'est pas parvenu à se mettre d'accord sur les conditions de son retour. À quelques exceptions près, les catholiques souhaitent que Léopold remonte sur le trône sans autre forme de procès ; les libéraux et les socialistes modérés prônent un retour sous certaines conditions ; les socialistes-radicaux et

---

1. Paul Struye, *L'Évolution du sentiment public en Belgique sous l'occupation allemande*, Bruxelles, Lumière, 1945.

les communistes exigent une abdication pure et simple.

Les débats vont durer près de cinq ans sans qu'il soit possible de parvenir à un accord. Devant l'impossibilité de trancher, le gouvernement décide d'en appeler au suffrage universel et d'organiser une « consultation populaire », le référendum en tant que tel n'étant pas prévu par la Constitution.

La campagne électorale est particulièrement rude, le combat sans quartier. Les adversaires de Léopold III insistent sur les personnalités troubles qui ont entouré le roi, comme Henri De Man, ancien président du Parti socialiste, convaincu de la nécessité de la collaboration avec les Allemands. Ils évoquent aussi la rencontre controversée du souverain avec Hitler, en novembre 1940, et dénoncent le « testament politique » écrit par Léopold III en 1944, texte accablant dont Churchill lui-même disait qu'« il puait », tant le roi y montrait de morgue et de méconnaissance de la nouvelle situation internationale. « Je considère qu'il [Léopold III] n'a pas trahi, mais, ayant cru à la victoire allemande, il a commis tant d'erreurs graves, hélas, qu'il ne lui reste plus qu'à s'effacer », a résumé, accablant, le Premier ministre socialiste Achille Van Acker.

Les flèches les plus acides, les tracts les plus acerbes, les slogans les plus assassins concernent le mariage de Léopold avec Lilian Baels. Les Belges sont choqués par cette union prononcée en pleine occupation nazie. « Dans les milieux populaires, de nombreuses femmes [en apprenant la nouvelle] éclatèrent en sanglots », se souvient un témoin de l'époque. Pour elles, la reine Astrid, devenue une véritable icône nationale, « avait été tuée une seconde fois ». Certaines familles décrochent le portrait de Léopold III pour le remplacer par celui d'Albert Ier. « Les hommes hurlaient, juraient », raconterait Achille Van Acker. Les aristocrates reprochent au roi d'avoir épousé une roturière qu'ils surnomment « la môme Crevette », parce que ses arrière-grands-parents étaient pêcheurs.

En fait, Lilian Baels – de l'avis unanime, une des plus jolies femmes de son temps – est la fille d'un avocat flamand plusieurs fois ministre, et, depuis 1933, gouverneur de la province de Flandre-Occidentale. Le fait que Lilian soit d'origine flamande et que son père soit considéré comme un militant de la cause flamande n'est pas étranger à la véritable haine qu'elle va susciter en Wallonie et à Bruxelles, et qui se manifestera durant la campagne référendaire. *Le Peuple,* quotidien socialiste, montre Léopold et Lilian répondant « oui » à un bourgmestre (maire) arborant une mèche qui le fait ressembler à Hitler. « Les femmes de Wallonie ne veulent pas de Lilian Baels, elles voteront non ! » proclame un tract. Sous une photo d'Astrid encadrée de noir, on peut lire : « Majesté, vous demeurez notre reine. » Une affiche montre des soldats belges prisonniers derrière des barbelés, regardant Léopold et Lilian jouer au golf.

Les tenants du « oui » au retour du roi mènent une campagne moins agressive, insistant sur l'unité de la Belgique, la légitimité monarchique, la nécessité de panser les plaies de la guerre, le courage du roi, resté en Belgique pour partager les souffrances de son peuple. Les résultats du référendum du 12 mars 1950 et des élections législatives organisées dans la foulée semblent leur donner raison. Léopold III rentre à Bruxelles le 20 juillet 1950. Ses partisans – surtout des Flamands – arrivent par cars entiers pour porter des fleurs au souverain. Ils sont souvent accueillis à coups de pierres et de tessons de bouteilles par des militants francophones hostiles au roi. « Anti- » et « pro- » Léopold III en viennent aux mains. La situation se tend. L'insurrection s'organise en Wallonie – le mot n'est pas trop fort et a même été employé sciemment par André Renard, le leader emblématique des syndicalistes liégeois. Des attentats endommagent des lignes de chemin de fer. Certains Liégeois proposent de convoquer des états généraux visant à proclamer la sécession de la Wallonie.

Si le mouvement flamand a vécu l'après-guerre dans une relative léthargie, le mouvement wallon, en revanche, n'a jamais été aussi actif que durant ces années-là. Le premier projet d'indépendance de la Wallonie n'a-t-il pas été élaboré durant la guerre par le Rassemblement démocratique et socialiste wallon (RDSW), regroupant des hommes politiques pour la plupart liégeois qui suggéraient l'instauration d'un État wallon indépendant, « susceptible de s'associer avec un État flamand et un État bruxellois, mais intégré dans le système défensif de la France » ?

Les 20 et 21 octobre 1945, le Congrès wallon s'est tenu à Liège. Près de 1 500 personnes, venues de tous les horizons sociaux, professionnels et politiques, à l'exception notable des catholiques présents en très petit nombre, ont été appelées à se prononcer sur le statut souhaitable pour la Wallonie. Les congressistes, dans un premier vote dit « sentimental » – connaît-on un autre pays au monde où un vote puisse être ouvertement qualifié de « sentimental ? » –, se prononcèrent majoritairement pour le rattachement à la France. Le vote

« de raison » qui a suivi exprime la volonté quasi unanime d'une autonomie de la Wallonie dans le cadre d'une Belgique fédérale.

Le 30 juillet 1950, l'irréparable est commis : des gendarmes cherchant à se dégager d'une manifestation à Grâce-Berleur, près de Liège, ouvrent le feu et font quatre morts. Dans ce pays où tout s'est toujours réglé sans effusion de sang, la nouvelle se propage comme une traînée de poudre. Vite, la raison l'emporte : tout sauf la violence ! Léopold III accepte de se retirer et, le 17 juillet 1951, son fils Baudouin prête serment et deviend, à moins de vingt et un ans, le cinquième roi des Belges.

Le rideau tombe sur la question royale. Il reste que cet événement marque profondément les Flamands : 72 % d'entre eux – près de deux sur trois – auront tout simplement tiré la conclusion qu'ils restaient des citoyens de seconde zone et que leurs bulletins de vote ne comptaient pas face aux menaces wallonnes. Ils sauraient s'en souvenir.

Les Flamands sont d'autant plus désabusés et aigris qu'ils estiment avoir été injustement cloués au pilori par l'opinion publique en raison de leur attitude durant la guerre et par la répression qu'ils ont dû subir pour faits de collaboration. Aujourd'hui, les historiens

parviennent à faire la part des choses et donnent une vision plus balancée de cette
période : « Au total, les condamnations [pour
cause de collaboration] frappèrent 0,64 % de
la population du pays, soit 0,73 % de la population flamande, 0,52 % de la population wallonne et 0,56 % de la population bruxelloise,
écrit l'historien Xavier Mabille. Il y eut selon
toute vraisemblance une proportion très semblable, dans chacune des régions du pays, de
collaborateurs ayant commis des actes graves.
Mais il est également certain qu'il y eut une
différence de climat sensible, favorisant en
Flandre un plus grand nombre d'actes peut-
être moins graves [1]. »

Il faudrait aussi ajouter que deux des Belges
francophones les plus connus de par le
monde, Georges Simenon, créateur du
commissaire Maigret, et Georges Remi, dit
Hergé, « père » de Tintin, ont tous les deux eu
maille à partir avec les autorités, à la fin de
la guerre, pour avoir manifesté une certaine
empathie avec les idées d'Ordre nouveau.
Tous deux se sont défendus en se retranchant
derrière l'ambiance générale qui prévalait en
Belgique à cette époque. Pierre Assouline, leur
biographe, écrit dans son livre sur Hergé :

---

1. Xavier Mabille, *Histoire politique de la Belgique*, Bruxelles, Éditions du Crisp, 2000.

« Un honnête homme qui découvrirait les souvenirs de ces deux éminents Belges aurait l'impression que "tous" leurs congénères étaient nationalistes, antisémites et anticommunistes, car "toute" la Belgique l'était et il n'y avait aucun moyen d'en sortir[1]. »

Aujourd'hui encore, de nombreux Flamands, même parmi les jeunes, font preuve d'une sensibilité exacerbée lorsqu'on évoque l'époque de l'après-guerre. On a pu lire en novembre 2007, sur un blog de *La Libre Belgique,* une description apocalyptique de la « répression » qui « s'abat sur la Flandre » à partir de 1945 : « Des milliers de personnes impliquées à différents titres dans le mouvement culturel sont poursuivies et souvent condamnées (...). Le résultat de cette mesure est que près de trois cent mille personnes n'auront plus de droits. En comptant leurs familles, cela fait plus d'un million de personnes qui sont marginalisées par l'État belge. Il suffit d'interroger les Flamands ordinaires pour se rendre compte qu'ils ont tous un membre de leur famille condamné à l'exil intérieur. » En fait, si l'on se fonde sur les chiffres avancés par les historiens, il faudrait plutôt parler d'un total maximal de trente mille personnes qui ont été condamnées en Flandre.

---

1. Pierre Assouline, *Hergé*, Paris, Gallimard, 1998.

Une fois encore, la question se pose : dans cette ambiance politique quasi insurrectionnelle et le contexte économique et social etrêmement difficile de la sortie de la guerre, comment ce pays a-t-il « fonctionné » ? Une fois encore, la réponse est simple : très bien ! Au point d'obtenir un satisfecit du général de Gaulle lui-même : « Mon cher, vos mesures monétaires ont été très efficaces. Grâce à elles, la Belgique a une situation très forte aujourd'hui », déclara l'homme du 18 Juin au ministre belge des Finances Camille Gutt, venu lui rendre visite à Colombey-les-Deux-Églises en 1947. « Les Français ne sont pas des Belges, confierait-il plus tard à Alain Peyrefitte, ils sont plus remuants et plus nombreux. Il était plus facile d'appliquer un remède de cheval à huit millions de Belges qu'à quarante millions de Français. »

Pas remuants, ces manifestants qui mettent le feu sur les voies ferrées, décrètent la grève générale et menacent de marcher sur leur capitale ? Sans oublier la « guerre scolaire » qui, de 1950 à 1955, oppose, souvent très violemment, non plus Flamands et Francophones, mais catholiques et anticléricaux ! Pas un village où ne s'affrontent partisans et adversaires d'une loi réduisant les aides à l'enseignement confessionnel. À trois reprises, cent mille catholiques descendent dans les rues de Bruxelles et affrontent les forces de l'ordre.

Le mouvement flamand sort de la cure de sommeil imposée par l'ambiguïté de son attitude durant la guerre. En 1954, un nouveau parti, la Volksunie, est porté sur les fonts baptismaux. S'il s'affirmera plus tard comme relativement modéré, il récupère à sa naissance beaucoup des éléments les plus douteux de l'extrême droite flamande. C'est aussi en 1954 que sont rendus publics et exploités les résultats du recensement de 1947 montrant, notamment, la poursuite de l'augmentation du nombre des Francophones, non seulement à Bruxelles, mais aussi dans la banlieue de la capitale. Comparant l'avancée du français en terre flamande à une « tache d'huile » – l'expression fera florès –, les responsables flamands ne cesseront de tenter de l'endiguer. En vain. Ils parviendront toutefois à la faire disparaître « statistiquement » : désormais, les recensements ne devront plus spécifier la langue parlée par les Belges. Cachez ce sein...

Reste que les autorités belges, en prenant des mesures rigoureuses, ont réussi, plus rapidement que les autres pays européens, à mettre leur économie sur la voie de la croissance. Cette rigueur portera vite ses fruits et permettra notamment à la Belgique de s'ouvrir sur le grand large et de devenir, proportionnellement, un des premiers pays exportateurs au monde.

L'Exposition universelle qui s'ouvre le 17 avril 1958 à Bruxelles marque l'apothéose de cette période. « La Belgique paraît comme en état de grâce », lit-on dans *La Libre Belgique*. Une partie de l'exposition n'est-elle pas consacrée à « la Belgique joyeuse », hymne à un pays uni où il fait bon vivre au milieu d'un folklore bon enfant ?

Il ne sera toutefois pas dit que la querelle entre Flamands et Francophones ne se sera pas invitée à « l'Expo » ! Un comité dirigé par un jeune étudiant particulièrement actif du nom de Wilfried Martens veut y affirmer la présence flamande : distribution de drapeaux jaunes frappés du lion noir, protestation auprès des autorités contre le nombre trop peu important d'employés, notamment dans les restaurants, ne parlant pas le néerlandais, manifestation, deux jours avant la visite du président de la République française de l'époque, René Coty, à l'intérieur du pavillon français accusé d'être « unilingue ». « Des Wallons pointus, raconte Pierre Stéphany, croisant au détour d'une allée un groupe du commando flamand, prétendirent réparer l'injure faite à leur seconde patrie. Les arguments volèrent bas, et plusieurs des antagonistes, équitablement répartis entre les deux camps, finirent la fête dans les bassins illuminés qui s'étendaient devant le grand palais[1]. »

Les lampions de l'Exposition universelle sont tout juste éteints, les Belges ont à peine le temps de savourer les commentaires élogieux émanant des quatre coins du monde, saluant l'efficacité et l'amabilité de leur accueil, que le Royaume est le théâtre de nouvelles violences, une fois encore en Wallonie.

Le Premier ministre, le social-chrétien flamand Gaston Eyskens, met le feu aux poudres, le 17 novembre 1959, en faisant adopter un programme drastique d'austérité économique regroupé dans une loi-cadre, dite « loi unique ». Les deux grands syndicats nationaux, la FGTB, laïque, majoritaire en Wallonie, et la CSC, chrétienne, dominante en Flandre, ont beau lancer l'un et l'autre des proclamations violemment hostiles à cette « loi inique », ils ne parviennent pas à s'entendre. À l'intérieur même de la FGTB, les délégués de Wallonie se prononcent pour une grève générale illimitée ; les délégués flamands, à l'exception des représentants de Gand et d'Anvers, s'y opposent.

---

1. Pierre Stéphany, *Les Années 60 en Belgique*, Bruxelles, Éditions Racine, 2006.

Quant aux délégués bruxellois, ils s'abstiennent, montrant une fois encore la spécificité de la capitale.

C'est donc sans consulter leur centrale syndicale que le 19 décembre les ouvriers des Ateliers de construction électrique de Charleroi (ACEC) se prononcent en faveur d'une « grève au finish ». Le mouvement se propage vite. Il aura son héros, un ouvrier des hauts fourneaux d'Ougrée qui lance en wallon à un délégué syndical qui essaie de le calmer : « *Vas'ti fé aradjï !* » (« Va te faire foutre ! »). La grève devient nationale, se durcit, des affrontements opposent manifestants et policiers. En Wallonie, le mouvement prend des allures insurrectionnelles. Tous les jours, des cortèges se forment derrière le drapeau wallon, coq rouge sur fond jaune. On chante *l'Internationale* souvent, *la Marseillaise* parfois. Jamais *la Brabançonne.* Des usines sont occupées, du matériel saboté, des arbres abattus le long des routes.

À Charleroi, les gendarmes à cheval affrontent les métallos qui jettent des billes d'acier sous les sabots des chevaux. À Liège, à l'issue d'un meeting regroupant plus de 50 000 personnes, des manifestants affrontent les forces de l'ordre durant plus de sept heures. La poste, le siège du quotidien *La Meuse*, la gare des Guillemins sont dévastés. La ville ressemble à un véritable camp retranché. À Bruxelles aussi, des milliers de manifestants affrontent la police et se livrent à des dépradations. Se portant au secours d'un gendarme sur le point d'être lynché, un passant tire des coups de revolver dans la foule, faisant un mort et un blessé grave. Au total, quatre personnes perdent la vie durant ces événements. Fin décembre, le gouvernement se décide à faire appel à l'armée. « Soldats, ne soyez pas traîtres à votre classe ! » écrit *Le Journal de Wallonie* qui sera saisi pour « atteinte au moral de l'armée ». Certains évoquent l'instauration d'une république populaire en Wallonie. Le roi Baudouin interrompt son voyage de noces et regagne Bruxelles.

C'en est trop. Les syndicats flamands, FGTB comme CSC, demandent la reprise du travail. Le pays est alors totalement coupé en deux. L'Église elle-même – « Une, Sainte, Apostolique et Romaine » – se désunit. Si le primat de Belgique, le cardinal Van Roey, condamne les grèves, des prêtres wallons lui répondent : « Que demande le monde du travail ? Simplement sa juste place dans la nation. »

Ce n'est pas le premier signe d'effritement de l'Église comme ciment de l'unité du pays. « Au littoral, écrit Pierre Stéphany, les sermons étaient prononcés dans les deux langues, et il arrivait que le prêtre ne se gênât point pour proclamer en chaire que l'arrivée de tant d'estivants wallons était, pour les Flamands, l'occasion de montrer ce qu'est un peuple chrétien. Après, les milices de la Volksunie se manifestèrent lors de la célébration en français des offices religieux dans les communes néerlandophones, et les autorités ecclésiastiques crurent devoir abdiquer ; ainsi vit-on dans la périphérie bruxelloise les offices en néerlandais célébrés dans une église aux trois quarts vide, tandis qu'à deux pas, dans un pré, les fidèles francophones s'entassaient sous une tente à l'entrée de laquelle un écriteau portait les mots : *Pacem in terris*[1] . »

Alors que le travail reprend en Flandre, André Renard, le dirigeant syndicaliste liégeois, celui-là même qui avait lancé ses troupes dans la bagarre lors de la question royale, jette toutes ses forces dans ce nouveau combat. Il appelle à l'ouverture d'un « deuxième front ». À côté de la lutte contre le programme d'austérité, il faut aussi se battre pour le fédéralisme ! Le 13 janvier 1961, dans une adresse au roi, des responsables wallons retrouvent les accents de Jules Destrée : « Sire, l'évolution de la Belgique donne au peuple wallon le senti-

---

1. *Les années 60 en Belgique, op. cit.*

ment de n'être ni compris, ni entendu de ceux qui gouvernent le pays (...). [Il faut chercher] des solutions qui, sans attenter ni à l'indépendance ni à l'intégrité du pays, consacreraient l'existence en Belgique de deux peuples dotés chacun de sa personnalité, de sa culture, de ses aspirations propres. »

Robert Lambion, responsable syndical proche d'André Renard, est plus direct : « La Wallonie, dit-il, échappera à la férule cléricale et réactionnaire flamande et pourra être administrée par un gouvernement socialiste homogène. »

Les dirigeants du Parti socialiste, résolument unitaristes et réformistes, se méfient de ce mouvement révolutionnaire et prennent leurs distances avec André Renard. Celui-ci crée un nouveau journal, *Combat*, dont le premier numéro titre : « La Wallonie en a assez », et un nouveau parti, le Mouvement populaire wallon (MPW), qui servira de creuset à une nouvelle génération de fédéralistes wallons.

La « loi unique », considérablement atténuée, est votée le 13 janvier. Le travail va progressivement reprendre en Wallonie. Pour celle-ci, c'est une défaite. Ceux qui, dix ans plus tôt, avaient réussi à faire abdiquer Léopold III, au mépris même du suffrage universel, ont échoué. André Renard mourra dans l'amertume en 1962.

Même si elle n'a duré « que » trente-quatre jours, la « grève du siècle » va profondément marquer les esprits. « La grande grève n'est pas une parenthèse dans l'évolution de la société belge. C'est un point de cassure, une rupture entre deux époques[1] », estime Valmy Féaux, sociologue wallon, ancien ministre du Parti socialiste.

Surtout, les Flamands comprennent que le rapport des forces a changé. Hier les plus nombreux, ils savent qu'ils sont désormais également les plus riches. Alors que la Wallonie subit de plein fouet la crise qui frappe la sidérurgie, la Flandre connaît un développement sans précédent. En 1965, pour la première fois depuis la naissance de la Belgique, le PIB par habitant de la Flandre égale celui de la Wallonie.

Entre 1960 et 1967, 66 % des investissements étrangers en Belgique ont été réalisés en Flandre. Celle-ci met en avant sa situation géographique – proximité de la mer et présence d'un port, Anvers, particulièrement performant –, des salaires plus bas et une main-d'œuvre moins revendicatrice, comme les grandes grèves viennent de le montrer. La Flandre se taille aussi la part du lion dans les

---

1. Valmy Féaux, *Cinq semaines de luttes sociales, la grève de l'hiver 60-61*, Université libre de Bruxelles, Institut de sociologie, 1963.

aides publiques au développement : près de 58 %, contre 38 % pour la Wallonie et 4 % pour Bruxelles. Dans un rapport publié en 1962, le démographe français Alfred Sauvy souligne en outre le vieillissement de la population wallonne, ressenti comme un élément du déclin de la région. De 1920 à 1957, alors que les Wallons passaient de 2,8 à 3 millions d'habitants et les Bruxellois de 1 à 1,3 million, les Flamands voyaient leur population augmenter de plus d'1 million, passant de 3,4 à 4,5 millions. De plus en plus nombreux, de plus en plus riches, les Flamands vont vite renâcler à l'idée d'aider une Wallonie qui s'enfonce dans la crise.

L'heure de la revanche a sonné.

Chapitre V

1960-1972 : La revanche

Cette revanche flamande va prendre le visage calme, rassurant, émouvant même, d'un homme honnête, sûr de ses convictions, sans beaucoup de charisme mais d'une opiniâtreté à toute épreuve : Wilfried Martens. Comme Janus et comme de tout temps à peu près tous les hommes politiques issus de la démocratie chrétienne flamande, il a deux visages : il a commencé sa carrière en agitateur défendant les thèses flamandes les plus extrémistes et la finira comme le plus sage d'entre les Belges.

L'histoire de Wilfried Martens, c'est d'abord celle d'une Flandre pauvre, persévérante, travailleuse, où l'on compte ses sous, mais pas ses efforts. « Il régnait dans notre famille une telle atmosphère d'adversité, de malheur, de tristesse, que je ne peux pas dire maintenant que mes années d'enfance furent heureuses[1] », reconnaîtra-t-il. Né en 1936 à Sleidinge, près de Gand, il a sept ans quand son père, un petit agriculteur, meurt. Sa mère, qui a été servante chez de riches bourgeois de Gand où l'on ne parlait que le français, élève cinq enfants. La vie est difficile. Tous les matins, Wilfried prend son vélo pour aller à la messe, puis à l'école. Catholique, bien entendu. C'est le curé de leur paroisse qui va persuader sa mère de le laisser poursuivre ses études. À quatorze ans, il livre son premier combat, à l'entendre le plus important : abandonner le patois local pour apprendre l'*Algemeen beschaafd Nederlands*, le néerlandais « correct ». « J'ai été, dans ma famille, le premier à vouloir secouer ce poids historique », précisera-t-il avant de s'adresser à ses compatriotes francophones : « Si mon combat a pris des couleurs qui peuvent paraître inexplicables et dérisoires à vos yeux, c'est parce que l'accès à une langue culturelle était pour nous la clef des choses. (...) Imaginez ce qu'a pu signifier pour nous parler, dans notre maison, dans notre classe d'école, et puis dans les assemblées, une langue respectable, audible et respectée. » Plus tard, un autre prêtre, son professeur de rhétorique, compre-

---

1. Wilfried Martens, *Parole donnée*, Paris, Didier Hatier, 1986.

nant que le jeune Wilfried n'a pas la vocation pour entrer dans les ordres, lui donne ce conseil : « Abandonne les mathématiques, va étudier le droit et entre ensuite en politique. »

Le conseil sera entendu. Cet homme à la santé fragile, aux yeux de myope cachés derrière de grosses lunettes, va d'abord se montrer un redoutable meneur d'hommes. Nous l'avons rencontré à la tête des jeunes contestataires qui troublent le bon déroulement de l'Exposition universelle de 1958. En 1961, il passe à la vitesse supérieure et fait partie du « Comité flamand pour Bruxelles et la frontière linguistique » qui organise, le 22 octobre 1961 et le 14 octobre 1962, deux gigantesques « marches flamandes » sur la capitale. Il s'agit, notamment, de faire une démonstration de force pour obtenir l'arrêt des « facilités » linguistiques accordées aux Francophones vivant dans la périphérie de Bruxelles.

Essayons de simplifier ce qui reste le dossier le plus explosif et le plus complexe du contentieux belge, celui qui pourrait faire exploser le pays tant les positions des uns et des autres sont radicalement antinomiques. Soit, au départ, une ville, Bruxelles, située en Flandre. À quelques kilomètres de la « frontière » avec la Wallonie, certes, mais en Flandre tout de même. Initialement, l'immense majorité de ses habitants parle un dialecte flamand. En 1830, lorsque la Belgique devient indépendante, la ville est encore à 70 % néerlandophone. La francisation va, à partir de là, y être extrêmement rapide. Le français, langue de la grande bourgeoisie, de l'administration, de l'Église, du mouvement ouvrier et du roi, prend vite le dessus. Il suffit que les parents mettent leurs enfants à l'école francophone pour que la cause soit entendue en l'espace de deux générations.

On élabore alors LE compromis sur lequel repose toute la construction belge. Majoritaires dans l'ensemble du pays, les Flamands acceptent la parité au sein du gouvernement central, à condition que cette parité soit aussi appliquée à Bruxelles où ils sont de plus en plus minoritaires. La capitale sera donc bilingue, des panneaux de signalisation au personnel des administrations.

Complication : le français progresse aussi dans certaines communes de la périphérie de Bruxelles situées en territoire flamand. Dans trois d'entre elles, le français l'emporte désormais sur le néerlandais. Inacceptable ! s'insurgent les Flamands ; nous nous battons depuis plus d'un siècle pour parler chez nous notre langue ; il n'est pas question, parce que le français gagne du terrain, de céder un pouce de notre territoire.

Autre point de conflit, qui perdure aujour-
d'hui : les législateurs ont prévu que les Francophones vivant dans des communes flamandes
pourront, s'ils sont suffisamment nombreux,
bénéficier de « facilités », notamment dans
leurs relations avec les administrations. Pour
les Flamands, celles-ci doivent être provisoires,
le temps pour les impétrants d'apprendre le
flamand. Pas pour les Francophones qui estiment y avoir droit indéfiniment.

C'est pour défendre pied à pied une frontière linguistique jugée par eux immuable que
plusieurs dizaines de milliers de Flamands
« descendent » une première fois sur
Bruxelles, le 22 octobre 1961. Strictement
encadrés par les forces de l'ordre, ils portent
des pancartes exigeant la « fin des facilités », la
« mort des fransquillons ». Des Bruxellois francophones et de nombreux militants wallons,
« descendus » à Bruxelles pour l'occasion, font
le salut nazi sur le passage des manifestants,
une minorité d'entre ceux-ci défilant en uniforme au son du tambour en brandissant des
étendards. « Retourne à ton village ! » crient
les Francophones. *Combat*, le journal du Mouvement populaire wallon, d'André Renard,
insiste, dans un article nauséabond, sur la rus-
ticité des manifestants flamands. « Ils arrivent
par tombereaux entiers de leurs villages et de

leurs villes où on s'ennuie le dimanche. Ils étaient contents, vous pensez. Ça se lisait clair comme de l'eau de roche sur leurs visages candides, un rien abrutis. Ils avaient de la crotte aux godasses parce qu'ils s'étaient levés tôt pour ce grand voyage dans la capitale. Et ça grouillait, ça gueulait, ça sifflait, et même ça parlait. »

La marche du 14 octobre 1962 est plus violente. Les militants francophones, estimant que les négociations en cours sont trop favorables aux Flamands, sont plus nombreux à vouloir en découdre. Ils en viennent aux mains avec les manifestants flamands dont certains exhibent des têtes sanguinolentes de coqs, symbole de la Wallonie. On relèvera une vingtaine de blessés.

« Les marches flamandes sur Bruxelles, estime l'historien Serge Govaert, marquent notamment la sortie du mouvement flamand d'une période de faiblesse, voire de mutisme (...). C'est à Bruxelles que les effets [des marches] se font le plus durablement sentir. Un problème que les Bruxellois ne percevaient jusque-là que d'une façon lointaine et diffuse, comme une menace plutôt vague et quelque peu irréelle, prend tout à coup une forme concrète : des individus viennent crier leurs revendications dans les rues de la capitale, prêts, le cas échéant, à en venir aux mains pour leur donner du poids[1]. »

C'est aussi pour réagir à cette pression flamande que, le 11 mai 1964, des Bruxellois francophones, dont de nombreux intellectuels, créent le Front démocratique des francophones, un des premiers partis à transcender les clivages traditionnels. Six ans plus tard, il deviendra la première formation de la capitale en récoltant près de 30 % des suffrages aux élections communales.

En 1965, la frontière linguistique est confirmée : « La fixation de la frontière linguistique a certes sorti la législation de l'immobilisme, mais il est possible qu'elle ait en même temps constitué un premier pas vers la destruction de l'État belge[2] », peut-on lire dans l'analyse d'un centre d'analyse politique et économique, le Crisp (Centre de recherche et d'information socio-politiques).

Sa deuxième bataille importante, Wilfried Martens, devenu en 1967 président des jeunes sociaux-chrétiens flamands, va la livrer en 1968 pour obtenir le départ des étudiants francophones de l'université catholique de Louvain.

---

1. Serge Govaert, *Bruxelles en capitales*, Bruxelles, De Boeck Université, 2000.
2. Crisp, *La Décision politique en Belgique*, Paris, Armand Colin, 1965.

Christian Laporte raconte que celle-ci a été fondée en 1425 par le pape Martin V « pour rassurer les bourgeois de Bruxelles, inquiets pour la vertu de leurs filles à l'idée de voir une université s'installer dans la capitale ». Elle fut longtemps le symbole de la Belgique unie et catholique. « Vivant sous le toit de l'Alma Mater, au même foyer familial, unis par la même foi et le même amour du Christ, déclarait ainsi son recteur, Ernest Van Roey, en 1935, Wallons et Flamands sont appelés à mieux se connaître, à s'aimer et à fraterniser à Louvain pour le plus grand bien de la Patrie et de l'Église. » [1]

Trente-trois ans plus tard, c'est au cri de « *Walen Buiten* ! » – « Les Wallons dehors ! » – que les étudiants flamands, soutenus par l'immense majorité de leurs compatriotes, exigent le départ de leurs collègues francophones. Tant pis pour la Patrie et pour l'Église, mais Louvain est en Flandre, et en Flandre on parle flamand ! « Des milliers d'étudiants flamands, raconte l'écrivain Conrad Detrez, étaient descendus dans la rue, dépavant les trottoirs, dressant des barricades, bloquant la circulation des automobiles. Ils entendaient reconquérir la ville, un territoire volé par les francophones, clamaient-ils, et colonisé. Les Flamands avaient décidé de

---

1. Christian Laporte, *L'Affaire de Louvain*, Bruxelles, De Boeck, 1999.

rendre Louvain à la mère Flandre et d'en expulser les professeurs et les étudiants wallons[1]. » Detrez, qui salue les étudiants en latin pour ne pas être assimilé à l'un ou l'autre camp, poursuit : « Des groupes de choc organisaient des razzias, posaient la question : "As-tu soif ?" s'ils étaient wallons, "*Hebt jij dorst* ?", s'ils étaient flamands, précipitant dans la Dyle ceux qui ne comprenaient pas ou qui répondaient dans la langue de l'ennemi. Les bilingues eux-mêmes, accusés d'opportunisme, faisaient le plongeon[2]... »

Les étudiants flamands qui se battent pour obtenir le départ des francophones ne sont pas tous, loin de là, des gens de droite ou d'extrême droite, au nationalisme étroit. Beaucoup d'entre eux, dans le climat de révolte étudiante de l'époque, « adoptent, en parallèle avec leurs revendications territoriales, des discours universalistes, tiers-mondistes, anti-autoritaristes, voire anticléricaux[3] ». Paul Goossens, leader étudiant flamand qui deviendra rédacteur en chef du *Morgen*, un quotidien socialiste, rappelle aujourd'hui que de nombreux étudiants de Louvain « se sont bagarrés contre la tendance dure, nationaliste, sinon raciste, d'une certaine droite flamande. Dans la presse francophone, on donnait l'impression qu'il

---

1. Conrad Detrez, *L'Herbe à brûler*, Paris, Calmann-Lévy, 1978.
2. *Ibid.*
3. *Le Soir*, « Saga Belgica... », *op. cit.*

n'y avait que le "*Walen Buiten*", mais ce n'était pas le cas ».

Après les syndicats qui n'ont pas pu maintenir leur unité lors des grandes grèves, voilà maintenant l'Église, un des principaux piliers de la société belge, qui ne peut éviter de se scinder. Au départ, l'épiscopat soutient unanimement le maintien de l'unité de l'université. Jusqu'au jour – le 2 février 1968 – où un évêque flamand revient sur ses déclarations et se rallie aux « sécessionnistes ». Il reconnaît « avoir commis une terrible erreur » et estime qu'il ne peut contrecarrer plus longuement « la libération et le développement du peuple flamand ». Toute l'Église est touchée par cette scission.

La dernière digue « unitariste », l'Église, ayant sauté, la cause est alors entendue. Les étudiants francophones doivent quitter Louvain. Le partage de l'héritage prend parfois des aspects rocambolesques. Ainsi, les volumes de la bibliothèque, au nombre d'1,6 million, sont partagés à la hussarde : les numéros pairs pour les Francophones, les impairs aux Flamands ! Heureusement, quelques lettrés parviennent à maintenir l'intégralité des collections de livres anciens et des encyclopédies. Le 2 février 1971, la première pierre de la nouvelle université catholique francophone

est posée en plein champ, entre vaches et bet-
teraves, sur le territoire de la commune d'Otti-
gnies, dans le Brabant wallon. Elle s'appellera
Louvain-la-Neuve.

Le gouvernement démissionne et, en vue
des prochaines élections, le Parti social-chrétien, l'ancien Parti catholique, se scinde. Il y
aura désormais deux partis distincts : le PSC
(Parti social-chrétien), francophone, et le CVP
(Christelijke Volkspartij), en désaccord évident sur tous les dossiers « chauds » : statut de
Bruxelles, université de Louvain. Les autres
partis politiques vont suivre : les libéraux se
scindent en 1972, les socialistes en 1978. Un
homme politique se demande si la Belgique
n'est pas devenue « l'assemblage fragile de
deux communautés à la dérive ».

Wilfried Martens, après avoir mis le feu, se
prépare sereinement à l'éteindre.

CHAPITRE VI

1972-1993 :
« La Flandre ne dort jamais »

Anvers, octobre 1972 : le Parti social-chrétien flamand (CVP), première formation politique de Belgique, tient son congrès annuel. Une fois encore, l'avenir du Royaume se joue dans cette atmosphère de grand-messe où tous les piliers de la démocratie chrétienne sont réunis pour célébrer et le Christ et la Flandre. Deux thèses s'opposent. Au nom de la vieille garde du parti, Gaston Eyskens explique que l'autonomie culturelle, principale revendication du mouvement flamand, ayant été atteinte, il paraît inutile d'aller plus loin. La Flandre, expliquent les « anciens », ne profite-t-elle pas désormais, économiquement et politiquement, de la Belgique unitaire ? Pas question de s'arrêter en si bon chemin, rétorquent les « modernes » qui réclament une modification fondamentale des institutions dans le sens d'un plus grand fédéralisme. Ils l'emporteront. « Je n'oublierai jamais le visage et la mimique du père Eyskens et des hommes de sa génération : ce que nous avons réussi à faire adopter par ce congrès, ils le jugeaient sacrilège [1] », commentera plus tard Jean-Luc Dehaene qui, comme Wilfried Martens, devenu président du CVP, fait partie de ces jeunes iconoclastes. Après avoir pris le pouvoir au CVP, les deux hommes vont se succéder au 16, rue de la Loi, siège du Premier ministre, de 1979 à 1999 – vingt ans, avec une courte parenthèse de mars à décembre 1981 où le poste sera occupé par un autre membre du CVP.

Ainsi vont la vie et le mouvement flamand : Eyskens, considéré hier comme un redoutable « flamingant », est chassé par une jeune garde qui, demain, sera à son tour écartée par de plus radicaux. Après avoir obtenu la parité avec les Francophones, les Flamands vont désormais se battre, avec succès, pour le fédéralisme, avant d'entreprendre l'ultime combat : l'autonomie de plus en plus large de leur région, prélude, pour certains, à une inéluctable indépendance.

---

1. Jean-Luc Dehaene, *Il y a une vie après le 16*, Bruxelles, Labor, 2000.

« La Flandre ne dort jamais[1] », ironise Pierre Bouillon. Le but étant fixé, les stratagèmes vont s'adapter. Les démonstrations de force vont alterner avec les négociations. Tour à tour on entendra le lion flamand rugir, puis se faire patelin, puis sortir de nouveau ses griffes.

Les immenses rassemblements visant à obtenir le départ des Francophones de l'université de Louvain sont les dernières manifestations violentes du mouvement flamand. À quelques exceptions près, notamment lors de la crise des Fourons, en Wallonie, ou, en 1975, à Schaerbeek, une commune populaire de Bruxelles : là, des militants flamands détruisent une partie du mobilier de la mairie pour protester contre la décision des autorités de ne réserver qu'un seul guichet de la maison communale aux néerlandophones, entorse au sacro-saint principe du bilinguisme absolu imposé dans la capitale. Toujours à Bruxelles, dans la nuit du 11 au 12 septembre 1970, des nervis du VMO, l'aile d'extrême droite du mouvement flamand, tuent un colleur d'affiches du FDF, le parti des francophones bruxellois.

Mis à part ces dérapages, le mouvement flamand semble ne plus avoir besoin de démonstrations impressionnantes. Désormais en posi-

---

1. *Le Soir*, « Saga Belgica... », *op. cit.*

tion de force, il va privilégier la négociation. Arrive alors le temps du « compromis des Belges ».

Cette négociation perpétuelle a ses grandes cérémonies et ses conciliabules, ses coups fourrés et ses embrassades, ses nuits laborieuses et ses petits matins victorieux. Comme des maquignons, on discute le bout de gras jusqu'à une heure avancée de la nuit, on tope là et on s'embrasse en sachant bien que, l'encre de l'accord à peine sèche, les signataires l'interpréteront d'une manière si différente qu'il sera souvent caduc avant même d'entrer en vigueur. Jean-Luc Dehaene n'hésite pas à le reconnaître : « Chaque phase de la réforme de l'État est enceinte de la réforme qui suit, déjà présente en elle sous une forme embryonnaire... »

Cette pratique a aussi donné naissance à un étrange vocabulaire, incompréhensible au non-initié. Celui-ci apprend ainsi que « la Saint-Polycarpe va connaître un prolongement bruxellois avec l'accord du Lombard », avant d'entendre parler d'un « carrousel » et d'une « tache d'huile ». On expliquera aussi à notre candide pourquoi le gouvernement, qui a longtemps buté sur le « 107 quater » et a eu maille à partir avec un « hérisson », se trouve aujourd'hui confronté à la scission éventuelle de « BHV », ou que « le Crocodile », « l'Anversois » ou « le Démineur » pourraient se lancer dans l'aventure de l'« orange bleue » !

Wilfried Martens, le collégien pauvre qui allait à la messe à vélo et apprenait opiniâtrement le « bon » néerlandais, l'étudiant bouillant qui manifestait à Bruxelles et à Louvain, est devenu un homme posé qui va se changer en « *Wilfried de evidente* » (Wilfried l'évident), tant il se place comme l'élément incontournable du jeu politique. On aura donc du Martens « amarante » (coalition sociaux-chrétiens, socialistes et Front des Francophones bruxellois), du Martens « rose » (les mêmes, avec les flamands, mais sans les bruxellois), du Martens « bleu » (sociaux-chrétiens et libéraux), ou encore, cerise sur le gâteau, du Martens « sexy » (le gouvernement est « sexpartite », c'est-à-dire formé de six partis).

Wilfried Martens va donner toute la mesure de son talent et éviter à la Belgique une véritable crise de régime, au printemps 1989, lorsque le roi Baudouin, refusant de signer la loi autorisant l'avortement, plonge le pays dans un imbroglio juridique et politique inimaginable ailleurs. Le 29 mars, la Chambre des députés a en effet adopté un texte permettant l'interruption volontaire de grossesse. Si, juridiquement, celle-ci était jusque-là interdite, la situation variait selon les régions. Là encore, un clivage apparaissait entre la Flandre, plus conservatrice, et la Wallonie, plus tolérante. À Bruxelles, les juges de la cour d'appel divergeaient dans leur appréciation de la loi selon qu'ils étaient francophones ou néerlandophones ! Compte tenu notamment de la déchristianisation progressive de la Flandre, mais aussi de l'évolution de nombreux catholiques sur ce dossier, ces divergences étaient pourtant en train de s'estomper. Ainsi, le 29 mars, la loi autorisant l'avortement est votée par une majorité de députés flamands.

Il ne reste donc plus qu'à promulguer la loi. C'est, selon la Constitution, l'affaire du roi. Un acte administratif de pure forme. Or, pour la première fois dans l'histoire du pays, voilà que le souverain refuse d'avaliser un texte parlementaire. Profondément catholique, Baudouin ne veut rien entendre : il ne signera pas ! En tant que chef du gouvernement, Wilfried Martens est le premier à en être averti par le souverain qui l'a convoqué au Palais au lendemain du vote du Parlement. Baudouin lui donne à lire la lettre qu'il a écrite dans la nuit, expliquant sa position. « En résumé, je crains que ce projet n'entraîne une diminution sensible du respect de la vie de ceux qui sont les plus faibles », dit notamment le roi. Il pose la question : « La liberté de conscience vaut-elle pour tous, sauf pour le roi ? » Il faut ajouter, pour comprendre le blocage absolu de la situation, que, contrairement à une idée encore largement répandue, Baudouin n'a jamais menacé d'abdiquer. Il refuse de signer la loi, un point c'est tout !

« Monsieur le Premier ministre, conclut Baudouin, puis-je vous demander de faire part de cette lettre, à votre convenance, au gouvernement et au Parlement ? » Martens est pétrifié. Très vite, toutefois, il se reprend et la machine à élaborer des compromis, voire à résoudre la quadrature du cercle, se met en branle. D'abord, Martens demande et obtient que le roi soit plus explicite. Baudouin reprend alors sa plume. « J'invite le gouvernement et le Parlement, ajoute-t-il à sa lettre, à trouver une solution juridique qui concilie le droit du roi de ne pas être forcé d'agir contre sa conscience et la nécessité du bon fonctionnement de la démocratie parlementaire. »

Martens doit aller vite. Très vite ! Rien ne doit filtrer avant qu'on ait trouvé une solution. Dans le secret le plus absolu, les principaux dirigeants des partis politiques du Royaume – une dizaine de personnes au plus, Flamands, Wallons ou Bruxellois, catholiques ou libres

penseurs, unitaristes ou fédéralistes, conserva-
teurs ou socialistes – vont alors chercher
la solution. Et la trouver. C'est un homme dis-
cret, mais redoutable constitutionnaliste,
André Alen, chef de cabinet de Wilfried Martens, qui pense pour la première fois à une
formule qu'il qualifie lui-même de « compli-
quée, alambiquée, mais qui [a] le mérite de
permettre une sortie de crise ». Il s'agit de
recourir à l'« impossibilité de régner » prévue
par les constituants belges, échaudés par le
précédent du roi George III d'Angleterre qui
avait perdu la raison. Cette disposition prévoit
qu'en cas de démence ou d'incapacité mentale
du souverain à remplir ses fonctions, le gouvernement le remplace dans toutes ses attribu-
tions. En 1940, prenant déjà quelques
distances avec l'esprit de la Constitution, le
gouvernement avait décrété que Léopold III,
alors sous le pouvoir de l'envahisseur, était
dans l'impossibilité de régner.

Martens comprend immédiatement qu'il a
sa solution, même si, reconnaîtra-t-il plus tard,
« elle est un peu tirée par les cheveux ». Il va
alors convaincre les uns et les autres. Notamment Baudouin. Le gouvernement décrète
l'impossibilité de régner du souverain, puis
signe à sa place la loi litigieuse. Toujours dans
le secret le plus absolu.

Le mercredi 4 avril, il faut bien informer la population de ce qui s'est passé, puisqu'il appartient maintenant aux Chambres de lever l'interdiction de régner, ce qu'elles font sans trop de difficultés le jeudi 5 avril. Seul incident, les trois députés du Vlaams Blok, l'extrême droite flamande, quittent l'Assemblée après la diatribe de leur porte-parole : « La seule opposition éthique de ce pays était représentée par le Vlaams Blok et le roi. Mais le roi ne nous a pas suivis, il n'a pas abdiqué, il a couché avec de douteuses prostituées politiques du CVP ! »

Les réactions des hommes politiques qui n'avaient pas été mis dans la confidence, tout comme celles des simples citoyens, sont plutôt modérées. On se moque bien un peu de ce « *brol* » (« machin », en argot bruxellois), mais, dans l'ensemble, on se félicite que chacun y trouve son compte. La loi est votée, et le roi est en paix avec sa conscience. On rit beaucoup en lisant dans *Le Soir* l'article de Charles Bricman. Parodiant la célèbre adresse de Jules Destrée au roi : « Sire, il n'y a plus de Belges... », il écrit : « Belges, il n'y a plus de roi ! » Les seuls à vraiment s'offusquer, outre quelques républicains, sont les juristes, toutes tendances politiques confondues, qui dénoncent le caractère peu légal de l'opération.

113

« Une entourloupe constitutionnelle », n'hésite pas à accuser le professeur de droit constitutionnel Francis Delpérée.

L'essentiel est là : la crise de régime a été évitée. Ce qui n'aurait sans doute pas été possible cinquante années auparavant, alors que le pays se divisait sur la question royale ! À cette époque, il est probable que les dirigeants socialistes wallons auraient été beaucoup plus durs dans leur dénonciation de l'attitude du souverain, demandant son abdication, et, pourquoi pas, remettant la monarchie et le pays en question. Il n'est pas sûr non plus qu'aujourd'hui une telle « combine » pourrait réussir. Ce serait cette fois les Flamands qui pourraient profiter de l'occasion pour en finir avec la monarchie et se débarrasser ainsi d'un des derniers symboles de la Belgique unie.

Bref, les dirigeants politiques de l'époque, quelles que soient leur langue, leur idéologie, leur religion, ont fait preuve en l'occurrence d'un extraordinaire sens du compromis. Or ce sont les mêmes qui, au même moment, faisaient montre d'une intransigeance drastique, se traitaient de noms d'oiseaux, étaient dans l'impossibilité de trouver le moindre compromis, faisaient chuter les gouvernements à propos de la capacité ou non de s'exprimer en néerlandais du bourgmestre d'une commune de moins de 5 000 habitants, les Fourons !

Ce dossier, « porc-épic dans le jardin extra-ordinaire de la politique belge », selon l'expression du Premier ministre Gaston Eyskens, qui devra d'ailleurs démissionner à cause de lui, s'ouvre en 1962 lorsque le ministre de l'Intérieur de l'époque, le social-chrétien francophone Arthur Gilson, s'attelle, sous la pression flamande, à une tâche impossible : fixer de manière quasi définitive la frontière linguistique. Autant jouer avec une grenade dégoupillée. Résultat : une quarantaine de communes « changent de camp ». Dont six villages qui passent de la province de Liège, Wallonie, à celle du Limbourg, en Flandre. Six villages dans une des plus belles régions de Wallonie, âpre avancée d'arbres et de rochers, région de marche où il suffit de traverser un bois pour se retrouver aux Pays-Bas, et une route pour être en Allemagne. Une région connue jusqu'à présent pour être – grâce, dit-on, à son microclimat particulièrement clément – favorable à l'expansion de la chlorophylle. Avant, racontent les anciens, la vie y coulait paisiblement dans une aimable cacophonie. Si les habitants parlaient tous une forme de *platt deutsch,* dialecte proche du luxembourgeois, ils passaient sans trop de mal du français au néerlandais, et étaient souvent traités de « Flamands » par les orgueilleux Liégeois. Les coutumes étaient

flamandes, l'administration et l'économie wallonnes, du fait notamment de l'attraction de
la Cité ardente encore en pleine prospérité. Si,
comme à Bruxelles, le français progressait au
détriment du néerlandais, au point d'être
devenu la langue majoritaire, il était impossible de le prouver, toujours faute d'un véritable recensement, rejeté par les Flamands.
Restent les élections qui donnent régulièrement près de 60 % des voix aux listes prônant
un retour à la Wallonie.

La situation se tend. Des militants flamands,
pour la plupart issus des mouvements radicaux, organisent des « promenades » domini-
cales aux Fourons. « L'automne 1970, qui fut
très beau, mettait de l'or et du pourpre sur les
bois couvrant doucement ses collines. Parfois,
le dimanche, les vaches éberluées voyaient,
sous les pommiers, entre les haies, dans les
chemins creux, surgir des hordes de braillards
en souliers à clous, traînant des banderoles et
poursuivis par des gendarmes à cheval. Ou
bien les mêmes échangeaient des coups de
matraque avec des processions de dévots qui
portaient des drapeaux belges[1] », raconte avec
drôlerie Pierre Stéphany. Parfois, on frôle le
drame. Un agriculteur, menacé par des manifestants flamands parce qu'il a mis un drapeau

---

1. *Les Années 60 en Belgique, op. cit.*

wallon au-dessus de sa porte, prend sa carabine et tire. Sans faire aucun blessé.

Les Fourons se transforment en champ clos des affrontements belges. L'interdiction des rassemblements de plus de trois personnes empêche d'organiser des matches de football. L'école même est touchée : en 1965, un commando flamand saccage une école où enseigne un maître connu pour militer pour l'enseignement en français. Plus tard, pour éviter les bagarres entre élèves, on décide de faire sortir les jeunes Flamands quelques minutes avant leurs camarades francophones... L'Église n'est pas à l'abri : le seul prêtre de la commune à accepter de prononcer son office en français est originaire des Pays-Bas ! Le curé d'un des villages refuse, lui, d'administrer les derniers sacrements dans la langue de Voltaire et se retranche derrière sa hiérarchie quand on lui fait remarquer que sa démarche n'est pas marquée au sceau de la plus pure charité chrétienne ! Le chef de l'opposition flamande, appelé à témoigner au cours d'un procès devant un tribunal de Verviers, en Wallonie, réclame un interprète alors qu'il est lui-même professeur de français...

Les aventures de ces petits villages de l'Europe attirent des journalistes de Nouvelle-Zélande, d'Australie, du Japon. On raconte

même que Fidel Castro, recevant un responsable des métallurgistes flamands, lui demanda
des nouvelles des Fourons.

D'autant que les villages ont trouvé leur
Astérix. Il s'appelle José Happart. Ce paysan,
né en 1947, s'est d'abord fait connaître
comme syndicaliste agricole. La photo qui le
montre en train de promener une vache, une
vraie, dans les couloirs feutrés du bâtiment
abritant une réunion des ministres de l'Agri-
culture européens, a fait le tour du monde. En
1977, avec son jumeau Jean-Marie, il prend la
tête du groupe dit « du hérisson » – par référence à l'allusion de Gaston Eyskens au « porc-
épic » – formé pour « résister à l'envahisseur
flamand ». Président en 1979 de l'« Action fou-
ronnaise », on le voit au premier rang de
toutes les manifestations. En octobre 1982, il
est élu bourgmestre des Fourons à la tête
d'une liste « Retour à Liège » qui a recueilli
62 % des suffrages. Un arrêt du Conseil d'État
ayant décrété en 1977 que les nouveaux
bourgmestres doivent prêter serment en néerlandais, Happart (re)met le feu aux poudres
en déclarant qu'il « apprendr[a] le néerlandais lorsque les Flamands aur[o]nt rendu les
Fourons à la Wallonie ». « Comme tous les
autres enfants, précisera-t-il plus tard, j'ai étu-
dié le flamand à l'école, et j'utilise le néerlan-

dais chaque fois que mes obligations me l'imposent. Mais, pour le principe, j'ai toujours refusé de me soumettre à quelque interrogatoire, ou à quoi que ce soit qui pourrait être considéré comme un interrogatoire[1] ».

Cet homme trapu, à la calvitie prononcée, au nez fort, au regard noir, devient un personnage central de la vie politique du Royaume. C'est vrai qu'il détonne dans un univers politique rompu à toutes les chicaneries, ce paysan dur à la tâche et pas très bavard ! Il faut l'entendre répéter son credo dix fois, cent fois, mille fois, de sa voix calme et avec un superbe accent wallon, nasillard et traînant, avec l'opiniâtreté de ces joueurs de tennis bien arrimés au fond du court qui renvoient balle sur balle et finissent par déstabiliser leur adversaire. Premièrement : la majorité des habitants des Fourons, étant francophones et voulant le retour à la Wallonie, l'ont élu pour réaliser ce projet. Deuxièmement : pas question qu'il passe un examen pour prouver ses connaissances en néerlandais. Troisièmement : une fois les Fourons revenus dans la province de Liège, tout sera possible. Premièrement, rétorquent les Flamands, les Fourons sont en terre flamande, et toutes les élections du monde n'y

---

1. Cité par Marie-Paule Eskénazi, *José Happart. Portrait d'un rebelle tranquille*, Bruxelles, Didier Hatier, 1987.

changeront rien. Deuxièmement, il est hors de question de revenir sur le tracé de la frontière linguistique, sinon tout va se « détricoter ». Troisièmement : exerçant ses responsabilités en Flandre, M. José Happart doit parler la langue de ses administrés ou être destitué.

Rarement un homme, dans ce pays peu porté aux excès, ne se sera attiré autant de sympathies (en Wallonie), et n'aura suscité tant de haines (en Flandre). Là, certains éditorialistes, pour ne pas avoir à écrire le nom maudit, parlent de lui comme de « Monsieur H » ou comme « le frère de Jean-Marie ». L'exaspération flamande atteint son comble le 20 mai 1979, lorsque le roi Baudouin accepte de rencontrer Happart. Les conditions sont dignes d'un roman d'espionnage : les deux hommes se voient sur une sortie d'autoroute, au préalable totalement fermée à la circulation, sans aucune possibilité de photographier. Happart est seul et doit, une fois le cortège royal parti, s'en aller tout seul, à pied, sous les yeux ébahis d'un ouvrier de la voirie municipale occupé à aménager un talus. C'en est trop, pourtant, pour la presse flamande qui se déchaîne : en recevant un « terroriste », un « chef de bande », le roi est sorti de sa neutralité, il a choisi son camp. La Chambre des députés est en ébullition, et des extrémistes

manifestent devant le Palais royal. Le souverain, en gage de bonne volonté, reçoit alors
ouvertement, et pendant plus d'une heure,
une délégation des Flamands des Fourons.

Happart sera destitué par son autorité de
tutelle près d'une dizaine de fois. Qu'à cela ne
tienne : le collège échevinal (conseil munici-
pal) démissionne, réélit Happart qui est de
nouveau destitué ; alors le collège (re)démis-
sionne puis (ré)élit Happart. Les chroniqueurs
font des gorges chaudes de ce « carrousel
fouronnais ».

Celui-ci tourne longtemps, faisant au passage chuter quelques coalitions gouvernemen-
tales. Puis, le 28 décembre 1988, jour des
Saints-Innocents, les responsables politiques
du Royaume trouvent un compromis, peut-
être le plus alambiqué d'une histoire qui n'en
est pas avare. José Happart, s'il garde l'essentiel de ses pouvoirs, cède son écharpe de
bourgmestre à son premier adjoint.

Et le temps va passer. Happart fera une belle
carrière politique au Parti socialiste. Il est
aujourd'hui président du Parlement wallon.
Quant aux Fourons, ils sont devenus majoritairement néerlandophones grâce, notamment, à
l'installation sur leur sol de nombreux rési-
dents en mal de verdure venus des Pays-Bas
voisins. Un voisinage qui pose certains

problèmes : des habitants des Fourons ont récemment protesté contre l'implantation, à quelques encablures du village, d'un coffee-shop où la vente de cannabis est autorisée. De quoi faire regretter José Happart !

Exit, donc, les Fourons. Reste que tant de haine, tant de bruit et tant de fureur à propos de quelques arpents de terre et d'un paysan cabochard auront montré que, derrière son apparente bonhomie, la Belgique, et surtout la Flandre, cache une sensibilité à fleur de peau, et qu'un rien peut y échauffer les esprits.

En dehors de ces accès de fièvre, *la* négociation sur la réforme de l'État se poursuit. À un rythme bien particulier. Après quelques années de relatif assoupissement, elle s'accélère, aboutit à un compromis, puis se relâche.

Habitués qu'ils sont à passer des journées et des nuits ensemble, les responsables politiques parviennent à former une étrange famille. Parfois on se dispute, et les noms d'oiseaux volent. Ainsi, on a entendu le socialiste wallon André Cools traiter de « crapule » le social-chrétien flamand Léo Tindemans. Le Premier ministre flamand Théo Lefèvre s'amusait à prononcer systématiquement « Auwters » – comme dans la Flandre profonde – le nom de Lucien Outers, chantre de la francophonie.

Le 12 janvier 1989, le nouveau statut de Bruxelles entre en vigueur. C'est une date importante. Voilà en effet vingt ans qu'une réforme de la Constitution avait engagé la fédéralisation du pays en créant trois régions : la Flandre, la Wallonie et Bruxelles ; et dix ans que les compétences des deux premières étaient définies. Quant au statut de la capitale, il était donc depuis près de vingt ans « au frigo » – une des expressions sans doute parmi les plus employées du vocabulaire politique belge, tant on a l'habitude de laisser traîner les problèmes épineux. « La Belgique, c'est Hibernatus », ironise le metteur en scène Sam Touzani. Craignant toujours que la ville ne leur « échappe », les dirigeants flamands avaient, en effet, freiné des quatre fers pour qu'elle ne puisse pas jouir du statut qui lui avait été promis. Celui-ci est particulièrement alambiqué et met en fait la ville dans une situation de liberté surveillée.

Le calme revient ? Non, car Flamands et Francophones ont trouvé une autre source de conflits : les commandes publiques. Les premiers s'opposent à la reconduction de licences d'exportation d'armes concernant des sociétés essentiellement implantées en Wallonie. Réponse du berger à la bergère : les ministres francophones renâclent à signer un contrat de la Régie des téléphones et des télégraphes comportant des commandes importantes à des entreprises situées en Flandre.

L'ambiance est de nouveau au divorce. Sans violence, mais par consentement mutuel. « Le moment n'est-il pas venu, pour la Flandre, de chercher d'autres formules et de suivre d'autres chemins pour réaliser son autonomie politique ? » écrit le très sérieux *Standaard.*

« Amis Wallons, séparons-nous ! Allons chez le notaire et, comme les Tchèques et les Slovaques, mettons-nous d'accord sur Bruxelles et sur la répartition de la dette », entend-on dire au pèlerinage de l'Yser.

Faute de trouver un accord, les électeurs sont de nouveau convoqués pour des élections générales, le 24 novembre 1991. Les résultats vont marquer pour longtemps la vie politique du Royaume en introduisant un nouvel élément dans un jeu déjà passablement complexe : la montée en puissance du Vlaams Blok. Le parti flamand d'extrême droite, qui avait déjà fait une percée remarquée aux élections communales, notamment à Anvers, et envoyé un député au Parlement européen, obtient 17 % des voix, contre 5 % lors du précédent scrutin. Créée en décembre 1978, cette formation va mêler les thèses les plus extrémistes des nationalistes flamands, dont le slogan « *Belgïe ? Barst !* » (« Que la Belgique crève ! ») et les positions populistes hostiles à l'immigration commencent à gagner du ter-

rain dans la plupart des pays européens. Même
si les partis traditionnels décident de dresser
un « cordon sanitaire » autour de lui, et si les
composantes plus démocratiques du mouvement flamand prendront leurs distances vis-à-
vis de ses thèses, le Vlaams Blok, qui deviendra
le Vlaams Belang, va désormais peser de tout
son poids sur l'évolution du Royaume. D'autant plus que les élections ont encore accentué
le contraste entre la Flandre et la Wallonie où
le parti d'extrême droite, le Front national, s'il
obtient certes son meilleur score depuis 1939,
n'obtient que 1,7 % des suffrages. Autre différence : en Wallonie, la formation dominante,
le Parti socialiste, même si elle perd des voix,
totalise près de 40 % des suffrages, alors qu'en
Flandre le Parti social-chrétien (CVP) dépasse
tout juste le quart des suffrages. La question se
pose dès ce moment : tôt ou tard, le CVP ne
sera-t-il pas dans l'obligation de s'allier avec le
diable ?

Le temps est venu pour Wilfried Martens de
passer le relais. On le rend responsable de la
défaite de son parti aux élections. Pis : on lui
reproche son attitude durant la crise provo-
quée par Baudouin à propos de l'avortement,
alors que le roi, lui, s'en est tiré avec les honneurs de la guerre : « Lui, au moins, a été
fidèle à ses convictions ! », dit-on. Martens, qui

a voté contre la loi, est critiqué pour avoir participé à sa ratification. On oublie au passage qu'il a sauvé la monarchie et évité au pays une crise de régime. Ingratitude des ingratitudes, le roi Baudouin lui-même ne fait pas grand-chose pour l'homme qui l'a sauvé. Martens, qui aura appris en route que les rois n'ont pas d'amis, fera une belle carrière européenne, mais gardera toujours cette blessure ouverte au plus profond de lui-même.

CHAPITRE VII

1993-2003 : un arc-en-ciel
avant la tempête

Exit Martens, arrive Dehaene. Politiquement, ce n'est pas un grand changement. Les
deux hommes sont liés depuis le temps où ils
effrayaient les caciques du CVP par leurs envo-
lées fédéralistes. Ensuite, Dehaene a été chef
de cabinet de Martens, puis plusieurs fois
ministre dans ses gouvernements, puis vice-
Premier ministre. S'ils font la paire, ils n'en
sont pas moins très différents. Physiquement,
d'abord. Même s'il cache une volonté de fer,
Martens paraît plus fragile, comme s'il était
toujours marqué par son enfance malheu-
reuse. À côté de lui, Dehaene, solide et massif,
est un roc. En fait, il est aussi habile, voire plus
que Martens, à dénouer les fils d'une négociation. « Cent kilos de subtilité politique ! » dit-

on de celui qu'on surnomme « le Démineur ». « Wilfried, reconnaîtra Dehaene, avait gardé une approche plus idéaliste des choses. Son fédéralisme était une sorte de profession de foi imprégnée d'un fort idéal flamand. J'avais été scout, et mon approche était beaucoup plus pragmatique. Pour moi, le fédéralisme était une méthode permettant de résoudre les problèmes de cohabitation entre Flamands et Wallons. »

Le « pragmatique » ne perd pas de temps. Le 28 février 1993, l'article premier de la Constitution décrète que, désormais, « la Belgique est un État fédéral composé des communautés et des régions ». La date pourrait être marquée d'une pierre blanche. On pourrait penser que l'histoire est finie, que la Belgique a enfin trouvé sa vitesse de croisière et des institutions stables. Allons !

« La Belgique est et reste un État qui n'est pas vidé de sa substance et [qui] a un long avenir. Seule l'architecture de la maison Belgique a changé », explique doctement le président de la Chambre, le social-chrétien francophone Charles Ferdinand Nothomb, le 2 mai 1993. Il devra déchanter, dès le lendemain, en lisant les propos du président des sociaux-chrétiens flamands, un certain Herman Van Rompuy. Celui-ci, qui deviendra Pre-

mier ministre en 2008, ne peut être plus clair :
« La dynamique fédérale n'est pas arrivée à
son terme », écrit-il avant de préciser que
« rien ne doit empêcher de poursuivre les discussions sur d'autres sujets ».

Le ministre-président de la région flamande,
Luc Van den Brande, lui aussi membre du
CVP, enfonce le même clou : « Nous avons le
devoir de réfléchir à la poursuite de la formation de l'État flamand. » Bref, pour les responsables flamands, le fédéralisme est mort avant
même d'avoir vécu. Le rouleau compresseur
continue d'avancer.

Le 7 août 1993, des dizaines de millions de
téléspectateurs du monde entier sont émus
aux larmes en regardant ce qui restera l'une
des cérémonies les plus émouvantes et les plus
surprenantes de cette fin de siècle : les
obsèques du roi Baudouin. En percevant la
tristesse qui se lit sur les visages des dirigeants,
rois, présidents et princes venus de tous les
coins de la planète saluer celui qui était
devenu l'un des plus anciens chefs d'État du
monde ; en écoutant le primat de Belgique,
Godfried Daneels, parler de « ces rois qui sont
plus que des rois », le chanteur flamand Will
Tura interpréter un de ses succès, *Hoop doet
leven* (« L'espoir fait vivre ») et le Wallon Julos
Beaucarne, s'accompagnant à la guitare, faire

résonner la cathédrale de son chant si pur ; en entendant le francophone Nathan Clumeck, un des premiers médecins européens à avoir perçu la nécessité d'un traitement « humain » du sida, et la Flamande Paula D'Hondt, ancien commissaire royal à la politique des immigrés, parler de la détresse des « hommes crucifiés, tous ceux qui souffrent de l'absence de respect, les malheureux, les solitaires, les sans-abri, les immigrés » ; en recevant les propos du journaliste flamand Chris de Stoop qui lit en anglais le témoignage d'une ancienne prostituée philippine, Luz E. Oral, hoquetant de chagrin à ses côtés, qui avait été aidée par Baudouin (« Le roi luttait contre le commerce du sexe. Il était avec nous. C'était un vrai roi. C'était mon ami. Maintenant nous pleurons à nouveau ») ; en suivant, enfin, les reportages et les travellings montrant l'accablement dans lequel se trouvaient une immense majorité des Belges, Flamands, Wallons et Bruxellois confondus, comment imaginer que ce pays vivait dans un perpétuel déchirement ?

Albert II monte sur le trône sous les meilleurs auspices. Aussi bon vivant et rigolard que son frère était austère et tourmenté, il n'a pas eu à souffrir des séquelles de l'« affaire royale ». Le nouveau souverain, dit-on, est plus proche de ses sujets, leur ressemble davantage.

Les Belges apprécient son solide bon sens, sa capacité à dédramatiser les événements. « Albert est un vrai Belge, qui adore bien manger et boire un bon verre de vin. Maintenant qu'il est roi, il devra faire attention [1] », le caricaturait ainsi sa tante, Marie José.

Il ne faudra, hélas, pas un an avant que le nouveau roi, qui n'est pourtant pas tombé de la dernière pluie, ne commette sa première erreur. Le 11 juillet 1994, jour anniversaire de la bataille des Éperons d'or et fête « nationale » flamande, lors d'une remise de distinctions à Bruges, alors que les personnes présentes entonnent le *Vlaamse Leeuw*, l'hymne officiel de la communauté flamande, on voit – ou on croit voir – le souverain en murmurer les paroles. Une esquisse de fredonnement, un léger mouvement des lèvres : il n'en faut pas plus pour remplir d'aise les Flamands et frapper de stupeur certains chroniqueurs wallons qui prennent un malin plaisir à rappeler que l'hymne avertit qu'« aucun trône ne résiste [au lion des Flandres] ». Pour se faire pardonner ce sacrilège, Albert II devra boire ostensiblement un verre de péquet, l'alcool local, lors des fêtes de Wallonie, à Namur.

Pour le mouvement flamand, longtemps monarchiste et notamment défenseur de Léo-

---

1. *Le Soir Magazine* du 31 janvier 2001.

131

pold III lors de la question royale, la monarchie belge est devenue un obstacle sur la voie de la confédération, de l'autonomie, et, enfin, de l'indépendance. Ainsi les quotidiens et magazines flamands, qui se faisaient remarquer jadis par leur déférence envers la royauté, sont désormais les premiers à dégainer chaque fois que le roi ou un membre de sa famille commet le moindre impair. Ils tirent ainsi à boulets rouges sur la reine Paola à laquelle ils reprochent de parler très mal le néerlandais, ce qui est vrai, alors qu'elle vit dans le pays depuis 1959.

La découverte, le 17 août 1996, à Sars-la-Buissière, bourgade de Wallonie proche de Charleroi, des restes d'adolescentes qui avaient disparu depuis près de deux ans, allait plonger les Belges – tous les Belges – dans une descente aux enfers collective. D'Arlon à Ostende et de Chimay à Turnhout, des affiches montrant les visages des petites martyres, les Francophones Julie et Melissa, et les Flamandes An et Eefje, seront placardées sur tous les murs. Flamands, Wallons et Bruxellois, unis dans la douleur et la colère, découvrent non seulement les abominations du prédateur Dutroux qui a séquestré, violé et assassiné des enfants, mais aussi la déplorable inadaptation de l'appareil policier et judiciaire de leur pays.

Une pétition recueille 2,7 millions de signatures, et le 20 octobre 1996 ils seront plus de trois cent mille à défiler dans les rues de Bruxelles dans une « marche blanche » dont les historiens diront peut-être un jour qu'elle fut la dernière manifestation solidaire de « tous les peuples » de Belgique. Évoquant l'affaire Dutroux, Joël Kotek, professeur à l'université libre de Bruxelles, écrivit très justement que celle-ci avait « signé la fin de l'innocence ».

Le gouvernement n'en a pas fini avec les sales « affaires ». Les conditions de l'achat en 1988 de 45 hélicoptères par l'armée belge – l'affaire est dite « affaire Agusta », du nom de la firme italienne fabriquant ces engins – vont provoquer un vrai séisme dans la classe politique du Royaume. La découverte d'énormes commissions occultes va contraindre plusieurs responsables à démissionner. Plus grave : des liens sont prouvés entre cette affaire et l'assassinat, en juillet 1991, de l'ancien patron du Parti socialiste francophone André Cools.

Le Premier ministre Jean-Luc Dehaene n'est pas au bout de ses peines. Début 1999, deux des ministres de son gouvernement sont obligés de démissionner : ils étaient au courant de la découverte de dioxine dans les graisses animales destinées à l'alimentation de bêtes d'élevage – notamment de poulets – exportées ensuite vers le reste de l'Europe.

À quelques mois de la fin du millénaire, la Belgique apparaît comme l'homme malade de l'Europe. Le Royaume a certes connu, nous l'avons vu, des crises multiples, dont certaines auraient pu lui être fatales. Mais jamais, peut-être, il n'aura été en proie à un tel désarroi. Derrière cette douleur qui dépasse la frontière linguistique, une idée commence à faire son chemin, notamment chez les jeunes : Si la Belgique, c'est cela, cette gabegie permanente, cette incompétence généralisée, cette incompétence criminelle, cette absence de tout projet mobilisateur, pourquoi ne pas essayer *autre chose* ?

Une fois encore, le pays va cependant rebondir. D'abord en changeant de majorité et de Premier ministre. Les élections de juin 1999 sont fatales à Dehaene et à son parti. Pour la première fois depuis 1958, les sociaux-chrétiens sont écartés du pouvoir, et c'est le libéral flamand Guy Verhofstadt qui devient chef du gouvernement. Avec sa mèche blonde, ses yeux bleus, ses dents du bonheur qui lui donnent un gentil air de Bug's Bunny, il tranche dans le paysage politique. Né en 1953, cet éternel jeune homme, aussi populaire en Flandre qu'en Wallonie, compose un gouvernement comprenant libéraux, socialistes et écologistes. Comme si elle devait symboliser le retour du beau temps, la nouvelle équipe est dite « arc-en-ciel » par les commentateurs. Surnom de bon augure : pendant près de dix ans, le Royaume va effectivement connaître une période faste.

Le gouvernement poursuit la remise en ordre économique et parvient aussi à faire adopter des lois éthiques difficiles, comme celles sur le mariage homosexuel et l'euthanasie. Le roi Albert II, contrairement à son prédécesseur Baudouin, qui avait refusé de signer la loi autorisant l'interruption volontaire de grossesse, signe sans rechigner ces textes pourtant condamnés par l'Église.

Et puis il y a la « vague belge », comme l'écrit Guy Duplat, chef du service culturel de *La Libre Belgique*[1], qui submerge l'Europe et particulièrement la France. Voilà longtemps que l'on s'interroge sur la capacité assez étonnante de ce petit pays à « produire » des artistes de renom. Rarement le mouvement aura pris une telle ampleur qu'en ce début de XXIe siècle. « À Paris, un écrivain sur deux est belge », dit-on à Saint-Germain-des-Prés en pensant à Amélie Nothomb, François Weyergans, Henri Bauchau et tant d'autres. Axelle

---

1. Guy Duplat, *Une vague belge*, Bruxelles, Racine, 2005.

Red, qui a chanté l'hymne de la Coupe du monde de football de 1998 au Stade de France, Arno, Maurane donnent un son nouveau à la chanson française. Jan Fabre met le feu au Festival d'Avignon, et Anna Térésa de Keersmaecker se pose en véritable successeur de Maurice Béjart. Le Gantois Gérard Mortier dirige d'une main de maître l'Opéra de Paris, et son successeur au théâtre de La Monnaie de Bruxelles, le Liégeois Bernard Foccroulle, s'apprête, lui, à partir pour Aix-en-Provence. Caméra sur l'épaule, les frères Dardenne triomphent avec *Rosetta* et emportent la Palme d'or au Festival de Cannes en 1999. Cécile de France, Benoît Poelvoorde, Olivier Gourmet, Yolande Moreau font partie des acteurs les plus demandés de l'Hexagone. Le sculpteur Wim Delloye multiplie les somptueuses provocations, et le couturier Delvoye Dries Van Noten donne un sérieux coup de jeune à la mode internationale.

Paradoxe des paradoxes : alors qu'à Paris certains parlent de la nécessité d'une VIe République, les Belges pourraient bien donner des leçons de stabilité à leurs voisins français. N'ont-ils pas connu depuis 1830 un seul type de régime, la monarchie parlementaire, alors que, dans le même temps, la France traversait deux monarchies, un empire, cinq républiques et une dictature ?

Tout va-t-il donc pour le mieux au royaume de Belgique où régneraient luxe, calme et volupté ? « Il ne faut quand même pas exagérer. Tout est loin d'être réglé. » Tapi comme un gros chat dans son bureau du centre de Bruxelles, au milieu de centaines de livres et de journaux poussiéreux, posant sur son pays un regard d'un scepticisme bienveillant, Xavier Mabille met un bémol à l'optimisme ambiant. Directeur du Crisp, centre d'étude indépendant, il est un des meilleurs connaisseurs de la Belgique, et ses livres font autorité. Il sait que derrière l'apparente unité de façade les dissensions entre Flamands et Francophones sont toujours aussi aiguës. Les questions les plus épineuses, comme celles du statut de la périphérie de Bruxelles ou de la régionalisation de la sécurité sociale, « mises au frigo », devront bien un jour ou l'autre réapparaître sur la table des négociations où elles ne demanderont qu'à exploser.

Et pourtant, en dépit du nouveau climat, plus décontracté, moins agressif, qui semble marquer les discussions entre les communautés, derrière cet écran de fumée, serions-nous tenté d'écrire, se mettent en place, comme d'habitude, les éléments de la prochaine crise. Le parlement de la région flamande avait donné le ton, dès le 3 mars 1999, en proposant une nouvelle réforme de l'État. Il suggérait de créer deux « États fédérés » : la Flandre et l'État fédéré francophone, aux compétences étendues, et deux « territoires fédérés » : la région de Bruxelles et la communauté germanophone, disposant de prérogatives limitées et sur lesquelles les États fédérés auraient un droit de regard. Les Francophones opposèrent une fin de non-recevoir à ces propositions.

En 2001, des négociations pour une nouvelle réforme de l'État se soldèrent par plusieurs accords aux noms fleuris – « Sainte-Thérèse », « Saint-Polycarpe », « Lombard » – permettant à la Flandre d'avancer encore sur le chemin de l'autonomie.

L'amélioration du « climat » n'a pas non plus empêché Flamands et Francophones de se quereller sur un certain nombre de dossiers, notamment sur la scission ou non de l'arrondissement de Bruxelles-Hal-Vilvorde.

Les partis politiques profitent de cette parenthèse apparemment pacifique pour faire peau neuve, changer de nom, conclure de nouvelles alliances. Le 14 février 2004, Yves Leterme, le président du CD&V (chrétien, démocrate et flamand), nouvelle dénomination du CVP, a signé un accord électoral avec la NVA, une petite formation indépendantiste. Les dés sont jetés.

Troisième partie : demain

DE NOUVELLES AVENTURES

Chapitre VIII

À un Flamand qui veut être indépendant

Vous voulez que la Flandre devienne indépendante, et pourquoi pas ? Après un long combat qui a eu ses beaux moments et ses zones d'ombre, ses évidences et ses contradictions, après avoir longtemps hésité à couper radicalement les ponts, vous estimez aujourd'hui le temps venu de larguer les amarres. Et vous pensez sincèrement que la majorité de vos compatriotes sont aussi prêts pour cette nouvelle aventure. Si les sondages sont trop fugaces pour déterminer quelle est, en ce moment précis, la volonté exacte du peuple flamand, une chose est certaine : le désir d'autonomie est général et l'aspiration à l'indépendance ne fait que grandir au fil du temps. Et le jour semble proche où elle fera figure d'évidence. Méfions-nous, certes, des grands mots, mais il s'agira tout bonnement de respecter alors ce qui s'appelle le droit des peuples à disposer d'eux-mêmes.

Dans ces conditions, s'il vous plaît, dites franchement ce que vous voulez, ne masquez pas une fois encore vos désirs d'indépendance derrière de nouveaux faux-semblants. Ainsi de ce « confédéralisme » dont on nous rebat les oreilles, et qui n'est que le cache-sexe constitutionnel d'un divorce annoncé. Annoncez vos couleurs, sans ambiguïté. Ce serait plus courageux, plus efficace, et, à terme, bénéfique pour tout le monde. Pour vos anciens compatriotes belges, d'abord, qui, enfin mis au pied du mur, pourront à leur tour réfléchir à une histoire qu'ils seront désormais seuls à écrire. Pour tous les Européens, enfin, qui ne pourront pas accepter longtemps que le pays qui les accueille, et qui a été un des piliers de l'Union, continue à donner le spectacle actuel.

Soyez beaux joueurs. Souhaitons que le jour de votre départ soit fête pour tout le monde. Comme ces couples qui se séparent et qui ont la pudeur et la courtoisie de n'évoquer que les bons moments de leur liaison. « Tu te souviens ? » La Belgique, que vous le vouliez ou non, reste votre matrice, et vous risquez de vous abîmer vous-mêmes en en dégradant le souvenir. Faites mentir votre compatriote Gert

Van Istendael quand il écrit : « La Flandre se vautre dans la culture de la lamentation. La Flandre est une des régions les plus riches de la riche Union européenne (...). Et pourtant, nous nous sentons lésés. Par qui ? Par tout le monde. Par ces fainéants de Wallons. Par cette ville hostile qu'est Bruxelles. Par ces sales Marocains. Ces Polonais débraillés. Ces voleurs de demandeurs d'asile [1]... »

Oubliez les frustrations et les brouilles, les mauvais coups et les rancunes, laissez les chagrins des Belges au magasin des accessoires, et dites-vous que vous avez fait de grandes et belles choses avec vos partenaires wallons et bruxellois, et que vous n'avez pas à rougir de vos enfants.

C'est triste, un pays qui meurt. Mais cela peut aussi être émouvant, un pays qui naît.

Et puis vous ne partez pas si loin, malgré tout. Y avez-vous vraiment réfléchi, mais une Flandre indépendante, cela ne changera pas grand-chose à votre vie. À moins de sortir de l'Union européenne, ce que personne ne peut vous souhaiter, vous n'aurez ni à battre monnaie, ni à établir de frontières. Les autorités de la nouvelle république de Flandre devront bien entendu légiférer, mais elles ne pourront pas beaucoup s'éloigner de la ligne générale

---

1. Geert Van Istendael, *Le Labyrinthe belge, op. cit.*

du droit européen et de sa jurisprudence sur la peine de mort comme sur la protection des minorités ou la parité entre hommes et femmes. Quant à l'arsenal des normes techniques, de la taille des pare-chocs à la garantie de sécurité des jouets en passant par la teneur en alcool de la bière ou la composition du fromage, il est déjà entièrement européen. Même si la construction de l'Europe politique patine, tout indique que ces harmonisations « techniques » se poursuivront. Aujourd'hui, vous ne vous entendez pas avec vos compatriotes francophones à propos des limitations de vitesse ? Rassurez-vous : demain, l'Europe vous mettra d'accord.

Mener votre propre politique économique ? Pas si facile ! Au moment où le président français promettait d'« aller chercher la croissance avec les dents », l'État belge se mettait aux abonnés absents pour cause de crise politique. Résultat : durant cette période, les deux pays ont réalisé des performances, pour ne pas dire des contre-performances, similaires. Et cela n'est pas dû au manque de talent du dentiste de Nicolas Sarkozy, mais plutôt à l'interpénétration des économies du Vieux Continent. Attention : la crise a aussi montré la fragilité des économies de certains « petits » pays – l'Islande, les pays baltes – que vous présentiez un peu comme vos modèles.

J'entends déjà votre réponse : nous n'aurons plus à payer pour la Wallonie. C'est vrai, les analyses sont là pour le prouver, que vos compatriotes du Sud vous coûtent cher. Encore que les chiffres et les symboles varient. Pour les « gentils », chaque famille flamande doit donner l'équivalent d'un demi de bière par jour à la Wallonie ; pour les « méchants », l'équivalent d'une voiture par an. Reste que cet argent que vous économiserez d'une main, vous devrez le redistribuer de l'autre. Non plus aux Wallons, mais aux Italiens du Sud, aux Roumains des Carpates ou aux Français de la Creuse ! Sous peine de connaître une implosion sociale majeure, l'Europe va être en effet obligée, dans les années à venir, de mettre en œuvre une véritable péréquation entre ses régions riches et ses régions pauvres. Aujourd'hui, l'égoïsme aidant, les premières ne veulent plus payer pour les secondes, surtout si elles sont dans le même pays. Voyez les Italiens du Nord par rapport à leurs compatriotes du Sud, les Catalans par rapport au reste de l'Espagne. L'Europe, seule, semble être en mesure de mettre en œuvre une politique d'aménagement de son territoire plus harmonieuse.

Pourtant, il serait faux de croire qu'il ne vous restera plus rien et que votre conquête de l'indépendance équivaudra à un gigantesque

marché de dupes. Il y a d'abord les symboles :
une équipe aux jeux Olympiques, un siège aux
Nations unies, un drapeau sur une ambassade
au bout du monde. Je sais que cela compte, surtout pour un peuple qui, pendant des siècles,
s'est senti minimisé et humilié. Il vous appartiendra surtout de créer ce qu'aucune régle-
mentation, européenne ou non, ne pourra
faire à votre place : une ambiance, un climat, un
état d'esprit, bref, une culture qui fasse que ce
pays soit votre pays et qu'il fasse bon y vivre.

D'autant que vous avez tous les atouts en
main pour envisager l'avenir avec confiance.
Certains pensent que vous n'êtes pas assez
nombreux. Je me souviens du cri du cœur
poussé par Axelle Red, piégée par la RTBF lors
de la fameuse émission annonçant la fin de la
Belgique : « La Belgique a éclaté ? Mais nous
sommes déjà si petits ! » Pourtant, avec ses
6,3 millions d'habitants, la Flandre se placerait
au 16e rang des pays européens en termes de
population, devant le Danemark, la Finlande,
l'Irlande, la Slovaquie, autant de nations ayant
pignon sur rue. Même si votre économie présente quelques sérieux handicaps, notamment
le vieillissement de sa population, la Flandre
fait partie des trente régions les plus riches
d'Europe avec un PIB supérieur de 23 % à la
moyenne européenne, et votre taux de chômage est un des plus bas de l'Union.

Pourquoi, alors, cette réticence diffuse, cette gêne impalpable qui se créent lorsqu'on évoque en Europe – et pas seulement en France – une possible indépendance de la Flandre ? Oui, pourquoi, alors qu'un processus similaire en Écosse est suivi avec une immense sympathie ? Certes, vous n'avez pas Sean Connery comme porte-parole. Il est d'ailleurs étrange que, parmi les artistes, les sportifs, les chercheurs, les écrivains qui font honneur à votre région, si peu acceptent de porter le drapeau de l'indépendance.

Celui-ci, en revanche, est souvent dans les mains de personnes bien peu recommandables. Vous allez me dire que je suis trop influencé par certains médias qui prennent un malin plaisir à zoomer, à chaque fois que cela est possible, sur vos militants extrémistes et leurs bannières, évoquant de biens tristes souvenirs. Vous ne pouvez le nier : ils existent, ils sont nombreux, et ils me font peur. Et les résultats des élections ne sont pas faits pour me rassurer. Au point d'oublier qu'il y a eu aussi un mouvement ouvrier en Flandre, que la gauche y occupait jadis une place importante, voilà que votre paysage politique semble aujourd'hui limité à une lutte entre droite modérée et droite extrême !

« Ce sont les individus et les groupes qui brandissent avec le plus d'arrogance la bannière d'une nation qui salissent le plus sa réputation », écrivait ainsi récemment mon ami Jean-Paul Marthoz. Dénonçant ce « nationalisme des vauriens », il poursuivait : « L'amour d'une terre ou d'une culture a inspiré des œuvres majestueuses et d'une portée universelle. J'ai vu au Chili, sur les flancs escarpés de la cordillère des Andes, des yeux se mouiller lorsque Jacques Brel entonnait "le plat pays qui est le mien". J'ai vu, en Belgique, des gorges se nouer en écoutant le *Canto general* de Pablo Neruda. Des mots venus des deux bouts du monde s'entrecroisaient, s'épousaient. "Avec la mer du Nord pour dernier terrain vague/Tout le silence de mon pays est dans sa longue ligne,/Toute l'écume de sa barbe marine". »

Surtout que ces extrémistes donnent une idée tronquée de votre pays. Dans la même édition du *Soir* où paraissait la chronique de Marthoz, on pouvait lire les résultats d'une enquête sociologique montrant que les Flamands sont majoritairement progressistes sur les questions éthiques. Ainsi, 60 % d'entre vous soutiennent un assouplissement des critères légaux autorisant l'avortement, une extension de la possibilité d'euthanasie aux mineurs, ainsi que l'autorisation d'adoption pour les couples homosexuels. Autre sondage :

si les Belges avaient voté à la dernière élection présidentielle française, les Flamands auraient élu Ségolène Royal avec 48 % des voix, alors que les Francophones ne donnaient qu'une toute petite avance à la candidate socialiste : 39 % des suffrages, contre 37 % à Nicolas Sarkozy. Au total, 67 % des Flamands auraient voté pour une femme (Ségolène Royal, Arlette Laguiller [14 % des suffrages], Dominique Voynet, Marie-George Buffet) alors que 52 % des Francophones auraient choisi un homme. De quoi remettre en cause pas mal d'idées reçues et d'en vouloir encore plus à ceux qui dénaturent l'image de votre pays.

Bon, je me calme ! Pour résumer d'une boutade : ce n'est pas le nationalisme qui me fait peur, ce sont les nationalistes. Je me souviens de ce que m'avait dit un intellectuel slovène, quelques mois après la proclamation de l'indépendance de son pays pour laquelle il avait lutté des années durant : « Bien sûr que je suis content, mais comme ils m'embêtent, avec leurs chants slovènes à la radio, leur théâtre slovène, leur littérature slovène, leur bouffe slovène ! Je voulais l'indépendance pour respirer, non pour être à nouveau asphyxié ! » (Heureusement, ce prurit nationaliste villageois s'est rapidement calmé, à Lubjana.)

Autre souvenir, celui d'un ami basque me confiant son trouble, un soir, à Bilbao : « En théorie, je suis pour la souveraineté, je me suis même battu pour cela. Mais je crois que je quitterai vite ce pays le jour où il sera indépendant : les nationalistes qui prendront le pouvoir sont certes courageux, obstinés, idéalistes. Nous leur devons beaucoup. » Il se tut et, baissant alors la voix, de peur d'être entendu : « Oui, mais une fois aux commandes de l'État, ils seront trop cons ! »

Ne craignez-vous pas ce genre de dérive ? Ne craignez-vous pas une Flandre racornie, repliée sur elle-même, alors que sa grandeur vient de son ouverture au monde ? Ne craignez-vous pas que votre futur pays tombe dans les mains de ces extrémistes qui, déjà, inquiètent les autorités européennes ? Ne craignez-vous pas que, demain, si vous n'y prenez pas garde, votre pays dessine une mauvaise tache sur la carte de l'Europe ?

Le débat est ouvert : l'indépendance de la Flandre, qui a été le ferment et souvent la raison d'être des partis d'extrême droite, favorisera-t-elle ces formations ou, au contraire, en les privant d'une partie de leur programme, conduira-t-elle à leur extinction progressive ? Si la première proposition l'emporte, des jours sombres vous attendent. « La république de Flandre, demain, ce pourrait être Israël : un pays ingouvernable, avec une multitude de

150

petits partis extrémistes, arbitres de la situation politique, se livrant à une surenchère nationaliste », estime un historien.

N'éludons pas maintenant « la question qui tue » : celle de Bruxelles. Commençons d'abord par ces communes de la périphérie de la capitale, situées dans la région flamande mais peuplées en majorité de Francophones. Je vais, une fois encore, choquer mes amis francophones en leur disant qu'il valait mieux mourir hier pour Dantzig qu'ajourd'hui pour Rhode-Saint-Genèse. Et demain ? Lorsqu'il s'agira de déterminer les frontières de la « République de Flandre », les autorités internationales devraient retenir, comme elles l'ont fait ailleurs, les limites administratives des anciennes régions. Et confirmeront que les communes litigieuses sont donc situées en Flandre et que la langue officielle y sera le néerlandais. Pour tous. Sans exceptions. Certains Francophones accepteront cette nouvelle donne et continueront à vivre dans ces communes. Les autres, estimant qu'ils ont pas envie de vivre en Flandre, devront déménager. Il n'auront pas à aller très loin : quelques kilomètres et ils seront à Bruxelles. Il y a eu pire comme nettoyage ethnique.

Si les Francophones n'acceptent pas de mettre définitivement une croix sur ces communes, alors la boite de Pandore sera de nouveau ouverte et les relations entre les deux futurs pays seront « pourries » dès le départ. Attention : dès que l'on sortira de la sphère administrative, chacun pourra bien évidemment parler la langue qu'il voudra et je n'ai aucune estime pour ces croisés du néerlandais qui veulent débusquer et censurer le moindre mot français prononcé en Flandre. Si j'imagine bien les cris de mes compatriotes français s'ils apprenaient que dans certaines communes du Périgord, habités désormais par une majorité de Britanniques, ces derniers demandaient à pouvoir s'adresser en anglais à l'administration, je n'ai en revanche aucune raison d'en vouloir à un des épiciers d'Eymet, le village le plus « anglicisé » de cette région, qui ne parle pas un mot de français et ne vend que des produits typiquement « *british* ». Oui, dans certains restaurants la carte est écrite uniquement en anglais. Et alors ?

À ce propos, j'ai envie de vous raconter une belle histoire, celle de Patrick et de Geneviève. Patrick, la soixantaine bien tassée, a quitté son Irlande natale il y a une dizaine d'années pour s'installer dans le Périgord, pas loin de Bergerac. Cet ancien jockey qui, avec sa casquette toujours vissée sur la tête et un éternel sourire aux lèvres, ressemble comme deux gouttes d'eau à Michel Audiard, est tombé amoureux fou de cette région. Il le dit sans ambages : « C'est là que je veux finir mes jours, et là que je veux être enterré. » Tous les jours, il vient voir Geneviève, « Vévé » pour les intimes, la patronne du café du coin. Sans les étrangers qui se sont installés ici, celui-ci aurait d'ailleurs fermé depuis belle lurette. Patrick a sa place réservée, près du bar, et consomme force whiskies. Petit à petit, une grande amitié s'est nouée entre Patrick et Vévé. Mais voilà : le premier ne parle pas un mot de français, et la seconde pas un mot d'anglais. « J'ai essayé d'apprendre, explique Patrick, mais, à mon âge, c'est trop dur d'aller à l'école ! » Alors, ensemble, Patrick et Geneviève ont acheté un gros dictionnaire qui trône sur le bar et, de temps en temps, l'un des deux le consulte pour expliquer quelque chose à l'autre. Ne pourraient-ils pas y avoir des centaines de Patrick et de Vévé dans la périphérie de Bruxelles ?

Bruxelles, maintenant, la ville de tous les dangers, de tous les désaccords. L'enjeu du conflit ! Comme ces couples qui ne se séparent pas « à cause des enfants », combien de fois n'a-t-on pas entendu des Belges reconnaître que « s'il n'y avait pas Bruxelles, le pays n'existerait plus depuis longtemps » ! « Ville flamande parlant aujourd'hui le français » : voilà, pardon de me citer, ce que j'écrivais hier dans mon *Roman de Bruxelles*. Aujourd'hui, je persiste et signe : oui, Bruxelles est une ville flamande, c'est-à-dire une ville située en Flandre et dont l'histoire a longtemps été flamande. Oui, sans cette « respiration » flamande, cette ville perdrait une grande partie de son aura, de son charme, de sa vie même. Oui, cette bâtardise revendiquée par les meilleurs de ses enfants fait de Bruxelles la capitale idéale de l'Europe. Oui, ces « Flamands de Bruxelles » – souvent détestés par les « Flamands de Flandre » – comptent parmi les plus dynamiques, socialement et culturellement parlant, des habitants de la ville. N'est-ce pas, Axelle Red ? N'est-ce pas, Guido Fonteyn ? N'est-ce pas, Hugo Degreef ? N'est ce pas, Roel Jacobs ? N'est-ce-pas, Paul Buekenhout ? Oui, enfin, malgré des années d'errements, le statut actuel de la ville, sous bénéfice d'inventaire et d'amélioration, est satisfaisant.

Cela dit, écoutez-moi bien : je suis persuadé que dans la minute où la Flandre aura proclamé son indépendance, elle aura « perdu » Bruxelles. Certes, on n'effacera pas en un tournemain toutes les inscriptions en flamand, les panneaux de signalisation ou les noms des rues. Certes, des formules transitoires – et on sait qu'ici elles durent souvent longtemps – seront trouvées pour éviter une rupture trop brutale. Mais, dans l'esprit de l'immense majorité de ses habitants francophones, c'en sera fini de cette parité institutionnalisée qui donnait aux Flamands de Bruxelles les mêmes droits qu'aux Francophones, alors qu'ils ne représentent qu'environ 10 % de la population. Pardon de l'imprécision de ces chiffres, mais ce sont vos dirigeants qui ont exigé l'interdiction des recensements linguistiques. De peur, vous le savez bien, que les chiffres continuent de montrer, notamment, la lente et inexorable érosion de la population flamande de Bruxelles. Je pense aussi – car il en va partout ainsi – que l'on assistera, une fois votre indépendance proclamée, à un transfert de population significatif qui renforcera encore l'influence de la langue française à Bruxelles : des Francophones de la périphérie – j'en connais qui ont commencé à le faire – déménageront vers la ville proprement dite, alors que des Flamands la quitteront, en particulier des fonctionnaires qui devront suivre leurs administrations.

Pourquoi maintenant la fin de cette parité à Bruxelles ? Tant que la Belgique existait, son équilibre politique restait fondé, vous le savez bien, sur le compromis de base : parité au gouvernement central contre parité à Bruxelles. Votre indépendance rendrait évidemment totalement caduc ce marchandage en en supprimant un des éléments. Parité à Bruxelles, contre quoi ? Au nom de quels principes les Bruxellois continueraient-ils d'accepter qu'environ 10 % des habitants de leur ville occupent une position de cogérants. Connaissant le sens du compromis des Bruxellois et leur talent à défendre leurs intérêts bien compris, je suis certain que, consultés, ils réserveront une place de choix, même si ce n'est plus la première, aux Flamands. Et si un conflit survenait – ce qu'à Dieu ne plaise ! – il n'appartiendra plus à une cour d'arbitrage « belge », c'est-à-dire paritaire, de trancher, mais à l'une ou l'autre des instances européennes.

L'Europe, c'est justement une de vos solutions de repli pour Bruxelles. Pour ne pas abandonner ainsi totalement Bruxelles aux Francophones, ce qui pour beaucoup d'entre vous équivaudrait à une reddition en rase campagne, vous émettez l'idée de transformer la capitale en district européen. Une belle idée, certes, mais sans aucune possibilité de concrétisation. Comme je le dirai plus loin à mes amis bruxellois, il y a une grande différence entre une ville internationale et une ville gérée internationalement. Le groupe De Warande, formé de décideurs économiques flamands, qui, en 2005, s'étaient prononcés sans ambages pour l'indépendance de la Flandre, mais ont eu plus de mal, par la suite, à se mettre d'accord sur le futur statut de Bruxelles, propose notamment de faire gérer la ville par un haut conseil composé de représentants bruxellois, wallons, flamands et éventuellement européens. Une manière élégante de récupérer la mise. Là encore, ce raisonnement se comprendrait dans l'hypothèse d'une Belgique encore unitaire. Mais absolument pas en cas de scission. Bref, il appartiendra aux Bruxellois de choisir.

Et puis, pour en finir sur ce sujet, imaginez-vous une seconde la somme d'ennuis (sûrement), de dangers (peut-être), de ridicules (en tous les cas) que pourrait représenter, tous les 11 juillet, la commémoration de votre fête nationale à Bruxelles si celle-ci devenait la capitale d'une Flandre indépendante ? Un défilé des troupes flamandes entre la gare du Nord et la gare du Midi, devant le gouvernement flamand au grand complet ? Un bal au Concert noble ? Un concert à la Monnaie ?

Une de vos premières tâches sera donc de trouver une capitale pour votre nouveau pays. Gand, Anvers, Courtrai, Malines : vous avez l'embarras du choix. Déjà, en réfléchissant à la difficulté de cette sélection, je vous sens regretter un peu le temps béni de la Belgique où vous n'aviez pas à vous poser ce genre de problèmes. Non ? Trop tard, vous avez signé, petit soldat !

Il reste que la Flandre de demain aura une carte très importante à jouer avec Bruxelles et devra tout mettre en œuvre pour que cette ville garde et raffermisse son rôle de capitale européenne. Parce qu'elle y a tout intérêt politiquement, économiquement et culturellement. C'est là que nous jugerons de la capacité de la future république de Flandre à oublier ses rancunes passées. « La Flandre indépendante, va jusqu'à écrire Alexandre Adler, serait, en fait, assez vite le plus francophile et le plus latin des États germaniques de l'Europe du Nord. » Et pourquoi pas ? Dans ce cas, il y a fort à parier qu'il faudra compter avec cette Flandre-là sur la scène européenne. « Il ne faut pas croire qu'en cas de scission de la Belgique nous privilégierons les Francophones au détriment des Flamands », me disait récemment – bien évidemment sous couvert d'anonymat – un diplomate français qui estime que les relations entre nos deux pays seront beaucoup plus simples, une fois la Flandre indépendante.

Allez, comme cadeau de la France au pays qui va naître, je vais vous offrir une déclaration, peu connue, du plus célèbre de ses enfants : « Nous avons, écrit de Gaulle, dans une partie considérable du Nord, une langue, le flamand, qui se rattache à celle de nos ancêtres francs. Depuis longtemps cultivée, on la parle dans une moitié de la Belgique, et elle n'est guère séparée du hollandais que par des différences orthographiques. Pendant longtemps, on n'a voulu voir dans ces diverses langues que des patois informes, indignes d'être cultivés et d'attirer l'attention du savant. (...) Il est toujours triste, poursuit le Général, même pour un observateur désintéressé, de voir mourir une langue ; il lui semble que l'humanité laisse tomber un des fleurons de sa couronne, qu'un instrument se brise dans le concert universel des peuples. Mais si cette langue est celle de ses ancêtres, celle de sa race, il ne peut, s'il croit à autre chose qu'aux intérêts matériels, la voir disparaître sans un profond déchirement. »

Encore une question : je remarque que, depuis le début de cette lettre, je parle d'une future « république flamande », estimant que vous ne tiendrez sans doute pas à créer votre propre dynastie, ni à demander aux Saxe Cobourg Gotha d'échanger, en quelque sorte, leur couronne belge contre une couronne flamande. Encore moins à demander à une autre

159

famille régnante européenne de vous prendre sous son aile.

Les Orange-Nassau, par exemple. Après tout, on trouve encore, tant aux Pays-Bas qu'en Flandre, quelques groupes prônant un rattachement de la Flandre au royaume des Pays-Bas. Pour qui connaît un peu les deux pays, c'est une vue de l'esprit. Aussi, sinon plus, irréalisable que l'agrégation de la Wallonie à la France. D'autant que vous n'aurez sans doute pas envie, une fois votre indépendance conquise, de l'aliéner aussitôt. Plus tard, bien plus tard, peut-être ces amalgames se feront-ils. Mais ni vous ni moi ne serons là pour le constater.

En attendant, quels seront vos futurs rapports avec vos voisins (cousins ?) néerlandais ? Je me souviens de la conclusion d'un livre de Manu Ruys, cette belle figure du combat flamand, qui évoquait comme un but impossible à réaliser, une sorte de rêve inaccessible, le regroupement de la Flandre et des Pays-Bas. Longtemps on a expliqué la fracture entre les deux régions par des raisons religieuses, les Néerlandais étant protestants et les Flamands catholiques. Eh bien, ce n'est plus vrai aujourd'hui. Depuis quelques années, les catholiques sont majoritaires aux Pays-Bas. Cela suffit-il pour réunir deux pays qui se sont combattus, haïs pendant des siècles ? Sans doute pas. Et puis, vous qui avez longtemps souffert d'être considérés comme des citoyens de seconde zone en Belgique, ne risquez-vous pas de revenir à la case départ et d'être considérés de haut par les Néerlandais ?

Mais, à terme, dans ce grand mouvement de refondation qui bouleverse l'Europe en créant des ensembles culturels ou économiques dépassant les États-nations actuels, ne pourrait-on pas imaginer, surtout si les Francophones belges décident de resserrer leurs liens avec la France, la création d'un ensemble néerlandophone ? Là encore, le débat est ouvert. « Notre séparation politique d'avec la Hollande ne pourra jamais effacer la communauté de race, d'origine et de langue qui existe entre les Flamands et les Hollandais », affirmait un des leaders du mouvement flamand, Leo Meert de Mullewie. « Si, un jour, je devais devenir flamand sans pouvoir rester belge, j'en resterais là. Non aux Pays-Bas ! Je préférerais être flamand et ex-belge. Vive l'identité incomplète ! » lui répond aujourd'hui Rik Torfs, professeur à l'université catholique de Louvain.

Quoi qu'on veuille, la langue vous rapproche. « Ma génération a été la dernière à souffrir d'un véritable et profond complexe d'infériorité linguistique », explique Geert

Van Istendael. Fini, le patois ! Beaucoup de Flamands mettent aujourd'hui un point d'honneur à mieux parler le néerlandais que les Bataves eux-mêmes. En outre, la littérature ouvre des horizons nouveaux et montre à quel point Flandre et Pays-Bas sont déjà liés en ce domaine. « Les livres flamands au capital le plus symbolique, les œuvres littéraires – écrit ainsi Jeroen Overstijns, ancien critique littéraire du *Standaard* – sont presque exclusivement publiés par des éditeurs néerlandais. Ces éditeurs choisissent donc les Flamands qui seront publiés et ceux qui ne le seront pas. Les Flamands ont depuis longtemps l'impression d'être dominés par les Néerlandais, surtout dans ce domaine sensible qu'est la littérature (...). En pratique, on peut difficilement trouver un écrivain flamand qui ne parvient pas à être publié s'il montre de vraies qualités littéraires. Il y eut un large écho en Flandre à l'affirmation d'un critique néerlandais que la littérature était meilleure en Flandre qu'aux Pays-Bas. C'était une revanche historique. Enfin nous étions leurs égaux ! Et même davantage... Soudain, c'était le printemps littéraire. »

Au moment de votre grand voyage, souhaitons à la Flandre d'autres printemps. Permettez-moi de terminer cette lettre par un souvenir personnel. Il fut un temps où je voyais souvent Johan Anthierens. Je l'aimais bien, ce Flamand iconoclaste, ce brûleur de certitudes ! Nous parlions de Jacques Brel pour lequel nous avions tous les deux un amour immodéré, de la pluie, du beau temps et des affaires du monde. De la Belgique, aussi. Un soir, c'était au Falstaff, la brasserie du centre de Bruxelles ; je ne sais plus lequel de nous a eu cette parole définitive : « S'il y avait un pays parfait, cela se saurait ! »

C'est sur cette leçon de modestie que je vous laisse.

Vous êtes bien sûrs d'avoir fait le bon choix ?

Oui ? Alors, bon voyage, et que l'aventure soit douce au pays de Flandre !

CHAPITRE IX

À un Wallon qui veut devenir français

Comme j'aimerais ne pas vous décevoir. Vous dire simplement : « Vous êtes chez vous, mon pays est le vôtre. » Et puis tuer le veau gras et ouvrir une bonne bouteille pour fêter les retrouvailles entre la Wallonie et la France ! Nous avons tant de choses en commun ! Nous parlons la même langue, lisons les mêmes livres, écoutons les mêmes musiques, voyons les mêmes films. Au fil d'une histoire chaotique, nos deux peuples ont souvent été réunis, et tout aussi souvent séparés. Vous aimez à rappeler que vous avez été français de 1794 à 1815, et que vous le seriez peut-être encore si l'armée de Napoléon, dans laquelle – vous le soulignez – combattaient des soldats wallons, n'avait pas été défaite à Waterloo par les troupes de la coalition où se battaient – vous

DE NOUVELLES AVENTURES

le soulignez aussi – de nombreux soldats bruxellois et flamands.

Vous souhaitez également préciser que ce « réunionnisme » – mot que vous préférez à « rattachisme » – ne date pas d'hier, et qu'il est même antérieur à la formation de la Belgique. En 1793, les habitants de la principauté de Liège, consultés par référendum, ne plébiscitaient-ils pas leur réunion à la France ? Parmi les dirigeants révolutionnaires de 1830, nombreux furent ceux qui préconisaient aussi cette solution. Ainsi Alexandre Gendebien alla jusqu'à offrir la couronne de Belgique à Louis-Philippe, roi des Français. Celui-ci refusa devant le risque de guerre européenne qu'aurait pu entraîner une telle opération. Pas question d'une « Belgique française » pour la Prusse et le Royaume-Uni !

Votre combat, poursuivez-vous, a suivi, avec des fortunes diverses, toute l'histoire de la Belgique : du Catéchisme wallon d'Albert du Bois au Rassemblement Wallonie-France, fondé en 1999 par Paul-Henry Gendebien, descendant d'Alexandre, en passant par le Congrès wallon de 1945 et son vote « sentimental » en faveur du rattachement à la France. J'entends cela et je sais la valeur des défenseurs de votre cause, « lettrés, émouvants et admirables », comme l'écrivait Claude Askolovitch dans *Le Nouvel*

166

Observateur. Sincèrement, je dois pourtant vous dire que je juge cette union entre la France et la Wallonie ni possible, ni souhaitable.

Depuis 1830 et le refus du roi de France d'accepter la couronne de Belgique du fait de l'opposition radicale des Anglais et des Prussiens, beaucoup d'eau a certes coulé sous les ponts de l'Europe. La négociation a remplacé la canonnière, et nous nous sommes lancés dans un mouvement d'unification jamais entrepris auparavant. Pourtant, il y a fort à parier que de nombreux pays, et pas des moindres, ne verraient pas d'un bon œil cet élargissement du territoire français à la Wallonie, qu'ils considéreraient d'abord comme une manifestation de l'expansionnisme français. Ne touchez pas aux frontières ! N'ouvrez pas la boîte de Pandore ! Ne réveillez pas les irrédentismes qui sommeillent, notamment dans les pays d'Europe centrale et orientale, et qui n'attendent que ce signal pour demander de nouvelles et complexes « rectifications » de frontières !

Et si la France, accusée de faire d'une pierre deux coups, « récupérait » en même temps Bruxelles, on peut imaginer le tollé que provoquerait le fait que les deux capitales de l'Europe, Bruxelles et Strasbourg, fassent partie du même pays ! La France devrait alors choisir et sacrifier une des deux villes sur l'autel du compromis européen. Pas sûr qu'elle abandonnerait Strasbourg ! N'oublions pas non plus que plusieurs villes – Berlin, Vienne... – se tiennent en embuscade et, mettant notamment en avant leur position centrale dans la nouvelle configuration européenne, se verraient bien investies comme capitale de l'Union. Bref, dans une perspective internationale, votre rattachement à la France paraît très difficile à réaliser.

Il le serait à la condition d'être porté par un vrai mouvement populaire, en Wallonie et en France, susceptible de briser les frontières et de passer outre au bon usage diplomatique.

Qu'en est-il aujourd'hui de la volonté de vos compatriotes wallons de devenir français ? Il est clair qu'après un très net affaiblissement, voire une quasi-disparition, cette idée a spectaculairement progressé ces dernières années. Les résultats du sondage réalisé conjointement par *La Voix du Nord* et *Le Soir* en juillet 2008 ont dû vous mettre du baume au cœur, puisqu'ils montraient que 49 % des Wallons sont favorables au rattachement de leur région à la France, alors qu'ils n'étaient que 29 % de cette opinion un an auparavant. En lisant plus avant la question posée, on constate toutefois que ces 49 % se prononçaient en faveur de l'union avec la France non pas spontanément, mais « en cas d'éclatement de leur pays ». Quant aux résultats électoraux des mouvements ratta-chistes, ils sont restés jusqu'ici confidentiels, mais sont eux aussi susceptibles d'augmenter.

Pour le moment, votre mouvement est donc encore très loin d'avoir atteint la taille critique suffisante pour déplacer sinon les montagnes, du moins les frontières. Surtout, il reste un « deuxième choix ». Si de nombreux Wallons optent pour la France, c'est un peu en déses-poir de cause. Paul-Henry Gendebien semble en convenir quand il écrit : « La Wallonie et Bruxelles n'auront ni vision nationale, ni volonté collective, ni moyens économiques et financiers pour se constituer en nation et en État. Elles n'auront pas d'autre solution que de se joindre à la République française. » Si la Belgique éclatait, si nous ne pouvions pas assumer seuls notre destin..., cela fait beau-coup de « si ». Sans oublier cette menace bran-die comme un chiffon rouge : « Si vous continuez, ne vous étonnez pas que nous ame-nions la France aux portes de Bruxelles », avait ainsi lancé à ses collègues flamands le député socialiste wallon Claude Erdekens, en 1997.

En France, l'enthousiasme ne va pas non plus de soi. Certes, selon le sondage du *Soir* et de *La Voix du Nord*, 60 % des Français se montreraient favorables à un éventuel rattachement de la Wallonie à la France, mais, là aussi, en cas d'éclatement de la Belgique. Ces chiffres montrent à tout le moins la bonne opinion que les habitants de l'Hexagone se font de leurs cousins wallons. À propos, cousins wallons ou cousins belges ?... Je ne suis pas sûr que mes compatriotes fassent tous la différence. Vous savez aussi à quel point ils ont l'appropriation rapide, et que beaucoup d'entre eux sont déjà persuadés que ce sont des Français qui ont inventé le saxophone, créé le personnage du commissaire Maigret, et construit le métro du Caire !

Quant aux hommes politiques français ouvertement favorables à cette idée, ils sont bien peu nombreux, même si quelques nouveaux émules sont apparus ces derniers temps : Philippe de Villiers, Jean-Pierre Chevènement, Georges Sarre, voire Philippe Séguin. Député (UMP) de Tourcoing, Christian Vanneste exprime dans un premier temps son intérêt pour un projet « qui ferait gagner cinq millions d'habitants à la France, ce qui renforcerait son poids, notamment face à l'Allemagne », avant d'introduire un bémol : « Mais la Wallonie est à majorité socialiste. Un socialisme pire que chez nous ! » Michel Charasse, ancien ministre de François Mitterrand, dit aussi tout haut, et avec la courtoisie qui le caractérise, ce que pensent beaucoup d'autres hommes politiques français : « Socialiste ne rime pas avec con. Je ne me taperai pas les pauvres de Belgique en plus de mes pauvres à moi. »

Dès que l'on aborde les cercles du pouvoir, c'est silence radio. Belgique ? Tabou. Impossible de trouver à l'Élysée, à Matignon ou au Quai d'Orsay une personne ayant un tant soit peu réfléchi aux problèmes de la Belgique en général et de la Wallonie en particulier. « Beaucoup, écrit Jean-Jacques Mevel, correspondant du *Figaro* à Bruxelles, préfèrent se retrancher derrière la formule commode que l'on emploie souvent à propos du lointain Québec : « ni ingérence, ni indifférence ». Sans doute en irait-il tout autrement si le sous-sol wallon regorgeait de pétrole ou d'uranium. Mais, dans ce cas, accepteriez-vous de partager ces richesses avec ces « petits Français » ?

Je sais par expérience qu'à ce moment de la discussion vous allez abattre votre joker : de Gaulle ! À peine ce nom prononcé, je vous sens, comment dire... « plus que Français », tant est grande en Wallonie l'admiration pour l'homme du 18 Juin. « Les derniers gaullistes seront-ils wallons ? » écrit ainsi Catherine Lanneau, chercheuse à l'université de Liège.

« Tout d'abord, au risque de paraître un tanti-
net audacieux, je m'enhardis à poser la
question : "Et si de Gaulle signifiait tout simplement *Le Wallon*" », ironise Roland Ferrier,
un de vos compagnons du mouvement wallon.

Et puis, vous vous mettez à rêver. *Nous
sommes dans les années soixante. Le Général, revenu
aux affaires, achève à Liège une visite officielle en
Belgique. Sur le balcon de l'hôtel de ville, il vient
de terminer son discours par un vibrant « Vive la
France ! Vive la Belgique ! Vive l'amitié franco-
belge ! » Comme à son habitude, il a fait le V de la
victoire sous les applaudissements de la foule. Et puis
que se passe-t-il ? Le Général, qui paraissait regagner
le salon d'honneur, se retourne, reprend le micro et
lance : « Et vive la Wallonie libre ! » La ville alors
se couvre d'une multitude de drapeaux bleu-blanc-
rouge...*

Retour sur terre : en 1967, le général de
Gaulle, désireux d'effectuer un voyage officiel
en Belgique et de rendre ainsi la politesse au
roi Baudouin, venu à Paris en 1961, a tout simplement été déclaré *persona non grata* par le
gouvernement belge ! « Il ne viendra pas chez
nous », avait décidé le ministre des Affaires
étrangères de l'époque, le social-chrétien francophone Pierre Harmel, après le voyage au
Canada du président français où celui-ci avait
justement lancé son célèbre : « Vive le Québec

libre ! » Les dirigeants belges ont eu trop peur que le Général lance en écho un « Vive la Wallonie libre ! » qui aurait pu enflammer la région.

« Depuis mon retour aux affaires, une de mes premières initiatives a été d'inviter le roi et la reine des Belges. On ne m'a jamais rendu l'invitation. On avait trop peur, sans doute, de manifestations populaires en Wallonie, confia plus tard le Général à Alain Peyrefitte. La Wallonie existe, mais il n'existe pas de nation wallonne. Les Wallons n'ont jamais cherché à devenir un État. Ils demandent à être intégrés au sein de la République française dont ils ont déjà fait partie. » Des bruits bien exagérés, lancés par des diplomates britanniques toujours prêts à venir compliquer les relations sur le Vieux Continent, laissaient entendre que le gouvernement français financerait en sous-main des extrémistes flamands pour accélérer l'éclatement de la Belgique et permettre ainsi à la France de « récupérer » la Wallonie !

« Des Wallons m'avaient déjà demandé de les annexer à la fin de la guerre. Je n'ai pas voulu donner suite à leur démarche. En 1945, il fallait respecter les frontières que nous a léguées l'Histoire, sauf pour les pays vaincus. La Belgique, il ne faut pas y toucher (...). Ce serait trop facile de vouloir nous arrondir aux dépens de la Belgique », précisa plus tard le président français. Roland Ferrier évoque à ce propos un projet de Roosevelt visant, à la fin de la guerre, la création d'un État wallon composé du nord de la France, de la Wallonie, du Luxembourg et de l'Alsace !

En 1963, selon J.-R. Tournoux, de Gaulle serait revenu sur la question : « J'aime bien les Wallons. Nous ne nourrissons à leur égard que des sentiments de profonde sympathie, mais nous ne pouvons briser la Belgique. Je comprends très bien qu'ils ne se plaisent pas dans le cadre actuel de leur pays. Mais, compte tenu de l'état du monde et de l'Europe, on ne peut pas s'offrir le luxe de faire éclater la Belgique, d'autant que nous sommes engagés dans la Communauté. Cela ferait exploser le Marché commun. »

Et puis, en 1984, le journaliste Claude de Groulard révéla qu'à la fin des années soixante le général de Gaulle, après avoir déclaré à Robert Liénard, doyen de l'université de Louvain et membre du mouvement wallon, que la France ne pourrait rien faire pour la Wallonie, aurait ajouté cette phrase, fondamentale à vos yeux : « Bien entendu, si un jour une autorité politique représentative de la Wallonie s'adressait officiellement à la France, ce jour-là, de grand cœur, nous répondrions favorablement à une demande qui aurait toute les apparences de la légitimité. »

Pour vous va peut-être arriver le moment où les Wallons porteront justement au pouvoir des responsables favorables à cette union avec la France. Et c'est donc sous l'égide du « plus illustre des Français » qu'ils pourront alors demander officiellement à ce que la Wallonie fasse partie de la République.

La France et la Wallonie se livrent ainsi à un étrange pas de deux. « Si la France nous donnait des signes d'intérêt, la Wallonie bougerait », affirme Jules Gheude, autre militant de la cause rattachiste. « Manifestez-vous les premiers, messieurs les Wallons, après nous verrons ! » répondent les Français.

Supposons maintenant que les Européens donnent leur « feu vert », que les Français manifestent un véritable intérêt et que vos concitoyens s'engagent plus nettement. Je ne suis toujours pas certain que ce choix du rattachisme soit le bon.

Vous en avez assez de la domination flamande sur la Belgique ? Ne craignez-vous pas la domination de Paris sur la Wallonie ? Pensez-vous que les Liégeois, depuis toujours si fiers de leur indépendance, accepteraient de gaîté de cœur d'être dirigés par un préfet des Alpes-Maritimes ou de la Loire-Atlantique nommé par le gouvernement ? Pensez-vous que les téléspectateurs namurois seraient heureux d'apprendre, sur FR3 Wallonie, que le président de leur chaîne a été nommé par Nicolas Sarkozy ? Et à Charleroi, ne serait-on pas vite lassé de ces informations sur Paris divulguées par des Parisiens à l'intention des Parisiens ? Oui, la Belgique actuelle vous insupporte par son laxisme, ses compromis embrouillés, ses décisions emberlificotées. Mais ne regretterez-vous pas l'extraordinaire liberté qu'elle laisse aux petites communautés – urbaines, notamment ?

Bref, la France que vous souhaitez rejoindre n'a-t-elle pas existé uniquement dans vos rêves ? « La Belgique est un miroir inversé de la France », explique ainsi le professeur de sciences politiques Pascal Delwit. Première et fondamentale différence : « Vous [les Français] êtes centralistes, nous sommes régionalistes, fédéralistes et même au-delà(...). Nos syndicats sont puissants, ils négocient ; les vôtres sont faibles, et préfèrent la confrontation », poursuit Delwit. « Je ne suis pas persuadé que la France nous attend, ajoute le syndicaliste Vandermeeren, et je préfère une Wallonie forte, avec ses traditions de lutte, au rattachement. Mais si l'on devait devenir français, je serais tout de suite majoritaire à la CGT. » Enfin, pourriez-vous vous adapter au suffrage majoritaire, un des fondements de la Vᵉ République, alors que la proportionnelle semble indissociable de vos mœurs politiques ?

On pourrait multiplier les exemples montrant que la « mayonnaise franco-wallonne » risque de (mal) tourner. La meilleure preuve n'en est-il pas ce « statut spécial » que certains d'entre vous demandent déjà pour cette Wallonie française ? Non, citoyens, la République une et indivisible n'admet aucune distinction ! C'est sa vertu, et c'est sa limite. Quant à vous assimiler aux territoires français d'outre-mer, cela paraîtrait étrange, du moins pour un esprit cartésien façonné par l'école laïque et obligatoire, et peu habitué à la redoutable complexité des compromis à la belge...

Alors, quelle solution pour la Wallonie ? me demanderez-vous. Citons une dernière fois de Gaulle. « Chaque peuple, disait-il aux émissaires wallons, ne peut se redresser que par lui-même. » À vous donc de prendre votre destin en main. Certains de vos compatriotes, une fois oublié le « rêve sentimental » français, souhaitent que la Wallonie vole de ses propres ailes. Le pari est risqué. Vous avez, certes, des atouts non négligeables : une démographie positive, un savoir-faire industriel encore performant, une position centrale en Europe. Vos handicaps sont aussi nombreux : un territoire enclavé, une économie au mieux convalescente, un paysage politique encore trop marqué par les années noires d'un socialisme trop puissant, trop corrompu, trop oublieux de ses combats glorieux. Sans oublier ce qui fait à la fois votre force et votre faiblesse : l'éclatement de votre région en autant de principautés fières de leur autonomie, qui ont toujours empêché l'éclosion d'un véritable nationalisme wallon.

Il vous reste un atout formidable que bien des pays pourraient vous envier ! Cet atout, c'est Bruxelles. Oh, je sais bien qu'entre les Wallons et les Bruxellois il y a plus d'un malentendu. Les uns et les autres ont tous en mémoire ce que Jules Destrée écrivait, dans sa célèbre « lettre au Roi », sur la population de la capitale : « Elle a pour moyen d'expression un jargon innommable (...), elle est ignorante et sceptique. Elle ne croit en rien(...). Cette population de la capitale n'est point un peuple : c'est un agglomérat de métis. » Certes, vos compatriotes wallons ne parlent plus en ces termes des Bruxellois, mais les clichés sont tenaces et beaucoup d'entre eux continuent à les considérer comme des gens de peu, parlant certes le français, mais avec un accent inimitable, vantards et superficiels, avec l'argent pour seul idéal et la trahison comme unique pratique. À preuve : flamands d'origine, les Bruxellois n'ont-ils pas trahi allègrement leur racines ? Qui dit que demain ils ne reviendront pas vers la Flandre, maintenant que celle-ci est devenue riche ? Et ne continuent-ils pas à considérer les Wallons comme de gentils fainéants, mal dégrossis, parlant certes le français, mais avec un accent inimitable ?

Une fois ces images d'Épinal égrenées par une minorité, vous voilà condamnés à vivre ensemble à l'intérieur d'un même pays. Tout simplement parce qu'il n'y a pas, pour l'heure, d'autre solution viable que cette fédération qui respecterait toutes ses composantes : la région bruxelloise, le Luxembourg belge, la province de Namur, les Ardennes, Charleroi, le Bovinage... et aussi, bien entendu, la communauté germanophone de Belgique. On aura connu cohabitation plus difficile, tant vos ambitions concordent, vos destins sont liés. Les Bruxellois, une fois remisée au magasin des utopies l'idée de voir leur ville se transformer en district européen, ont besoin de la Wallonie. Quant à vous, Wallons, vous ne pouvez laisser passer cette chance de pouvoir abriter la capitale de l'Europe...

« À la différence de la Flandre, mais aussi de la région Nord-Pas-de-Calais, pour ne citer que deux régions voisines, la Wallonie ne possède pas de véritable métropole urbaine (...). Si la Flandre peut se passer de Bruxelles, car elle dispose d'autres atouts, il n'en va pas de même pour la Wallonie. Un repli régionaliste serait catastrophique pour elle, car Bruxelles est la seule fenêtre sur le monde à laquelle les Wallons peuvent prétendre » : voilà notamment ce qu'écrivent deux universitaires, Jean-François Thisse et Isabelle Thomas, dans une étude montrant aussi que Bruxelles est d'ores et déjà la capitale économique de la Wallonie. « Les élites financières et politiques bruxelloises sont largement responsables du déclin de la Wallonie. Ce lourd passif doit-il amener les Wallons à se désintéresser de la capitale de cette Belgique à laquelle ils ont cru si longtemps ? Je ne le crois pas », écrit pour sa part Joseph Henrotte, ancien responsable syndical qui estime lui aussi que « Bruxelles est la vraie capitale économique de la Wallonie », et qu'« une union économique Wallonie-Bruxelles apporterait un important changement de dimension et de visibilité à l'économie wallonne ».

À la différence de la Flandre et de son romantisme, le pays qui naîtrait de cette nouvelle alliance entre Wallonie et Bruxelles serait plus fruit de raison que de passion. Mais pourquoi pas ? Sur le plan international, cette solution de continuer à faire vivre la Belgique, même amputée de la Flandre, arrangerait beaucoup de monde, car elle aurait à tout le moins le mérite de la simplicité. « Les Flamands s'en vont, nous restons : où est le problème ? Nous autres, Belges, nous restons membre de l'Union européenne dont notre capitale, Bruxelles, continuera d'abriter les institutions. Quant aux Flamands, ils demanderont leur adhésion à l'Union, que nous soutiendrons bien sûr de toutes nos forces. »

Le fait de devoir relever un nouveau défi pourrait donner un supplément d'âme à cette « nouvelle Belgique ». Là encore, si c'est triste un pays qui meurt, comme c'est exaltant, un pays qui naît !

Chapitre x

À un Bruxellois
qui souhaite que sa ville devienne
un district européen

Enfin libres ! Après avoir été corsetés, « car-canisés » cogérés, encadrés, « entenaillés », jalousés, enviés, méprisés par vos deux duègnes, l'une flamande, l'autre wallonne, bientôt pourrait donc sonner l'heure où vous déciderez enfin vous-mêmes de votre avenir. Pourtant, vous semblez redouter ce rendez-vous, car il signifierait la mort de la Belgique et l'obligation d'un choix difficile. Choisir ? Un exercice périlleux dans une ville où « oui » se dit « non, peut-être » !

Après tout, n'êtes-vous pas les seuls « vrais » Belges, dans cette histoire ? N'est-ce pas dans votre sang, dans votre histoire, dans votre par-ler, dans votre nourriture que l'on retrouve tous les ingrédients de la belgitude ? Certes, toutes ces molécules se sont assemblées « à la va-comme-je-te-pousse », et les résultats sont souvent surprenants pour qui aime les catégories sociales bien étiquetées. Vous le savez bien, vous qui revendiquez avec fierté le qualificatif de « *zinneke* », petit chien bâtard.

Eh bien, voilà : les *zinneke* sont tristes. Celui-là, qui passait son temps à se moquer des « *flahutes* », se souvient avec émotion de ses ancêtres flamands. Cet autre, qui vomissait tous les matins « cette Belgique ridicule », commence à verser une larme sur son pays bientôt perdu. Et ce n'est pas fini.

Tout à la fois enfants, causes et enjeux du divorce, les Bruxellois vont en plus être mis devant le fait accompli par la décision de la Flandre de proclamer son indépendance. Vous devrez alors dire un double au revoir, et je comprends par avance votre chagrin.

Adieu, d'abord, à une Belgique qui ne vous a peut-être pas toujours bien traités, mais que vous étiez sans doute les seuls à comprendre vraiment. Souhaitons que le jour du divorce la tristesse ne vous empêche pas de garder votre humour et que vous n'effacerez pas ce graffiti inscrit par des mains facétieuses – Quick et Flupke, peut-être ? – sur un des murs du palais de justice : *La Belgique, ce n'est plus « L'union fait la force », mais « L'oignon fait la farce »* !

Adieu aussi à cette Flandre qui savait bien que cette séparation était le prix à payer pour son indépendance. Une Flandre qui a peut-être trop aimé Bruxelles, mais comme on aime une femme infidèle qui vous a trahi et ne supporte plus les chaînes que vous voulez lui faire porter. Alors la Flandre couvre Bruxelles de cadeaux : un théâtre ici, une place là, mais tient étroitement serrés les cordons de la bourse pour que la ville ne puisse voler de ses propres ailes.

En fait, les Flamands ne vous pardonneront jamais d'être passés en quelques générations du néerlandais au français. Les plus extrémistes des militants flamands ne sont pas loin de partager l'avis et le vocabulaire d'un des héros du chef-d'œuvre d'Hugo Claus, *Le Chagrin des Belges*[1] : « Ah, je voudrais bien qu'un de ces bouffeurs de poulet de Bruxellois ose sortir un drapeau tricolore, tu verrais quelque chose ; on ne pourra pas retenir nos hommes. (...) Je leur ferai entrer le flamand dans la tête à coups de marteau ! »

Longtemps la Flandre profonde, catholique et conservatrice, avait aussi de l'aversion pour cette « grande ville » attirante, inhumaine et perverse. Verhaeren a magnifiquement décrit

---

1. Paris, Le Seuil, 2003.

cette lutte épique entre les « Campagnes hallu-
cinées » et les « Villes tentaculaires » :

> *C'est la ville que la nuit formidable éclaire*
> *La ville en plâtre, en stuc, en bois, en fer, en or,*
> *— Tentaculaire*

> *Referont-ils, avec l'ancien et bon soleil,*
> *Avec le vent, la pluie et les bêtes serviles,*
> *En des heures de sursaut libre et de réveil,*
> *Un monde enfin sauvé de l'emprise des villes ?*

Paradoxe d'une histoire qui n'en est pas
avare : c'est peut-être aujourd'hui, alors qu'on
parle de séparation, que les Flamands ont
trouvé leur vraie place à Bruxelles. La capitale,
après tout, c'est son rôle, reste le seul endroit
où les deux communautés communiquent
encore. Je voudrais à ce propos rendre hommage à ces Flamands qui, contre vents et
marées, subissant les sarcasmes de leurs voisins, ont tenu bon et ont continué à parler leur
langue à Bruxelles. « Tous les matins, pendant
plus de vingt ans, me disait un de mes amis,
mon père est entré dans la librairie en face de
chez lui, il enlevait son chapeau, disait bonjour
au libraire en flamand, demandait son journal
en flamand, remettait son chapeau et disait au
revoir en flamand. Pas une seule fois on ne lui
a répondu dans sa langue. Il avait défendu son
intégrité. »

Je veux aussi vous parler d'un ami flamand avec qui je travaillais, au début des années soixante-dix, dans une agence de presse française spécialisée dans les affaires européennes. Je me souviens de sa tristesse un jour qu'il revenait de déjeuner. « Tu vois, me dit-il, je parle français toute la journée avec vous et avec nos chefs à Paris. J'écris aussi en français et je lis les journaux français. Comme cela me ferait plaisir et me reposerait de pouvoir tout simplement commander mon repas dans ma langue ! » Aurait-il le même problème aujourd'hui ? Pas sûr.

Et demain ? Certains – bien peu : 2 % des Bruxellois, 14,5 % des Flamands, selon un sondage réalisé en mars 2007 – caressent l'idée de voir votre ville devenir la capitale d'une Flandre indépendante. Ils évoquent l'intérêt économique que les habitants de la capitale pourraient retirer de cette intégration dans une des régions les plus riches d'Europe. Sur un site consacré à l'avenir de Bruxelles, un « blogueur » estimait ainsi que cette solution présenterait les avantages suivants : « Continuation du statut de capitale-région avec autogestion importante. Situation financière assurée. Situation géographique avantageuse, d'où continuation du statut de capitale de l'Europe et de siège de l'Otan. Présence du gouvernement flamand et de son administration. Progression de l'emploi. » Quant à Jean Quatremer, correspondant de *Libération* à Bruxelles, il écrit : « On [les Européens vivant à Bruxelles] n'a pas forcément envie d'être rattachés à la Wallonie. Tant qu'à faire efficace, autant que Bruxelles reste en Flandre, parce que là, on a la quasi-certitude que les Flamands mettraient un maximum d'argent dans leur ville pour la récupérer, la faire belle, donneraient un statut privilégié aux Européens pour pouvoir les garder. »

Pardon, Jean, mais cette solution est totalement illusoire, l'immense majorité des Bruxellois, même les plus « flamandophiles », ne pouvant l'accepter. Je ne pense pas non plus que les « eurocrates », dont beaucoup ont fait souche à Bruxelles et se sentent bien dans cette ville francophone, accepteraient de vivre désormais dans une ville flamande.

Une fois cette hypothèse écartée, une fois oubliée la possibilité, tout aussi illusoire, d'un rattachement de Bruxelles à la France, de nombreux Bruxellois se demandent maintenant s'ils ne pourraient pas exister par eux-mêmes. Et ils le disent : « Nous existons, Wij bestaan, We exist ! » proclamait ainsi, en décembre 2006, la pétition, signée par plus de dix mille personnes, revendiquant pour

Bruxelles « les mêmes droits et les mêmes
devoirs que les autres régions ». « Ni Wallons
de Bruxelles, ni Flamands de Bruxelles, nous
sommes des Bruxellois », était-il ainsi fière-
ment affirmé au début de ce texte initialement
défendu par une centaine d'associations, de la
Chambre de commerce et d'industrie à l'Exé-
cutif musulman, et de personnalités venues
de tous les horizons politiques et culturels,
comme la chanteuse Axelle Red, le sociologue
Claude Javeau, l'écrivain Jacques De Decker, le
philosophe Philippe Van Parijs, l'ancien président des Chemins de fer Alain Deneef.

Cette volonté de nombreux Bruxellois d'être
considérés par les deux autres régions comme
des partenaires de plein droit, et non plus
comme leur appendice, constitue sans doute
un des éléments les plus nouveaux et les plus
importants du paysage belge, que l'on ne peut
plus désormais résumer au « couple » flamand-
wallon. Vous avez dû beaucoup rire en lisant
par exemple, dans un journal français, que « le
rock wallon se porte bien » après un concert à
Bruxelles où se sont produits en majorité des
groupes originaires de la capitale et chantant
en anglais !

Après les « flamingants » et les « wallin-
gants », défenseurs exclusifs de leur région,
voici donc les « bruxellingants » qui entrent

dans le jeu. Si vous n'avez pas tous les mêmes idées sur l'avenir de leur ville, vous vous rejoignez sur le diagnostic : Flamands et Wallons n'ont cessé de s'entendre sur votre dos. Vous dénoncez ainsi le « racket » dont votre ville serait victime. Si le produit national brut de la capitale est le double de celui de la Flandre et le triple de celui de la Wallonie, une grande partie de cette richesse est en effet distribuée comme salaire aux 350 000 « navetteurs » qui viennent le matin travailler dans la capitale, notamment dans les administrations, et repartent le soir en Wallonie ou en Flandre, là où ils paient leurs impôts.

Vos récriminations à l'égard de vos compatriotes wallons et flamands ne sont pas seulement d'ordre économique. « Les Flamands nous aiment trop, les Wallons pas assez, les uns et les autres nous méprisent », ironise un Bruxellois. « Si les Wallons et les Flamands avaient un amour sans limite pour Bruxelles, je ne m'inquiéterais pas. Seulement, je ne suis pas certain que cela soit vrai », nous confiait Charles Picqué, patron de la Région bruxelloise.

Au cas où la Belgique éclaterait, et pour ne pas être mis devant ce que certains d'entre vous considèrent comme une « alternative du Diable », c'est-à-dire le choix impossible entre la Wallonie et la Flandre, vous êtes de plus en plus nombreux à vouloir que Bruxelles assume pleinement son rôle de capitale européenne. « Bruxelles devrait s'inscrire dans la lignée d'une ville comme Tolède où l'on parlait plus de huit langues et où cohabitaient plusieurs religions, plutôt que dans celle des *divided cities* comme Belfast, Sarajevo ou Jérusalem », s'enflamme Alain Deneef, fondateur de l'association Aula Magna, un des nombreux mouvements qui se sont formés ces dernières années pour défendre Bruxelles et les Bruxellois.

Certains vont encore plus loin et proposent de faire de Bruxelles un « eurodistrict », à l'instar de ce qui se passe aux États-Unis où Washington DC (Washington, district of Columbia) ne fait partie d'aucun des États fédérés et dépend directement de l'État fédéral. Les lois régissant la ville sont ainsi fixées par le Congrès où ne siège aucun représentant de la capitale.

Savez-vous d'abord que Bruxelles a bien failli ne pas être capitale européenne, et ce, par la faute même des dirigeants belges ? La scène se passe le 25 juillet 1952 à Paris, lors d'une réunion des ministres des Affaires étrangères des six pays signataires du traité créant la CECA (Communauté européenne du charbon et de l'acier). Un seul point à l'ordre du jour : la fixation du siège de la nouvelle institution. Parce que la Belgique s'est lancée avec foi dans l'aventure européenne, parce que son hétérogénéité en fait un laboratoire idéal pour la construction d'une Europe fédérale, tous les ministres sont d'accord pour proposer Bruxelles, ville bilingue et idéalement placée, comme capitale de cette Europe en formation. Tous sauf un : Paul Van Zeeland, chef de la diplomatie du Royaume, affirme, devant ses partenaires médusés, qu'il n'est pas question de choisir Bruxelles mais... Liège ! Il n'en démordra pas, expliquant dans les couloirs qu'il en va de la survie de son gouvernement, et qu'il a besoin de l'appui des Liégeois ! Il y a fort à parier que si le gouvernement belge avait soutenu le choix de Bruxelles, celle-ci serait aujourd'hui la seule et unique capitale de l'Union.

« Nous devons remettre notre territoire aux mains des Européens en leur disant : "Nous sommes à votre disposition" », dit aujourd'hui Alain Deneef, qui ajoute : « C'est une tendance lourde, ici, que d'être gouvernés par des gens venus d'ailleurs. » C'est vrai qu'elle est longue, la liste de tous les grands personnages qui ont reçu les clefs de la ville : Charles de France, les comtes de Louvain, les ducs de Brabant, ceux de Bourgogne, les Habsbourg d'Espagne puis d'Autriche, Napoléon, Guillaume Ier de Hollande... Les autorités européennes, à qui certains Bruxellois souhaitent maintenant « offrir » leur ville, devraient pourtant se méfier. Ces occupants historiques sont, certes, restés plus ou moins longtemps, et avec plus ou moins de bonheur. Ils ont certes fait construire des monuments pour laisser leur marque, et en ont détruit d'autres pour effacer la trace de leurs prédécesseurs. Oui, ils ont juré qu'ils étaient là pour longtemps. Pourtant, tous ont tôt ou tard fini par partir, Gros-Jean comme devant !

Croyant toujours au caractère rebelle et imprévisible de cette ville, je pense qu'elle ne supporterait pas longtemps – et le ferait savoir – d'être dirigée par un gouverneur nommé par les institutions européennes. Pauvre homme ! Si les Bruxellois ont accueilli sereinement, mais sans enthousiasme, les milliers de fonctionnaires européens, beaucoup d'entre eux, malgré tout, ne manquent pas de souligner que cette population à hauts revenus a, entre autres conséquences néfastes, fait monter le prix de l'immobilier. Certains fonctionnaires européens préfèrent d'ailleurs, pour ne pas se faire remarquer, ne pas équiper leur voiture de la plaque minéralogique spéciale à laquelle ils ont droit. Il est vraisemblable qu'ils attireraient davantage le ressentiment si, en plus, on les tenait pour responsables de la gestion de la ville.

Ne craignez-vous pas aussi de voir ce district européen se transformer progressivement en une cité interdite vidée de ses pauvres, une sorte de club feutré et anglicisé ? « On glisse en effet très vite de "Bruxelles ville multiculturelle" à "Bruxelles où le français est une langue comme les autres", et, finalement, à "Bruxelles où les Bruxellois d'origine de langue française constituent une minorité", écrit Jean-Luc de Meulemeester, professeur à l'université libre de Bruxelles. « Par moments, on perçoit même une sorte de haine du français au bénéfice, volontaire ou pas, de la terrible alliance de l'anglais et des langues minoritaires », ajoute François Schreuer qui dénonce « cette représentation phantasmatique d'une ville "insularisée" par rapport au reste de la Belgique ».

Allons à l'essentiel : pourquoi se poser tant de questions à propos d'un district européen qui n'a aucune chance de voir le jour à court ou moyen terme ? Tout simplement parce que les autorités européennes n'ont ni l'envie, ni la vocation, ni les moyens de gérer, même indirectement, une capitale.

« L'Europe a d'autres chats à fouetter plutôt que de s'occuper de problèmes de parking ! »

ironise ainsi Rudy Aernoudt, ancien haut fonctionnaire belge passé par la fonction publique
européenne. Caricaturons : peut-on imaginer
un Conseil des ministres des Vingt-Sept – peut-
être demain des Trente – inscrivant à son
ordre du jour le dossier de la circulation dans
Bruxelles ?

En attendant mieux – une Europe vraiment
intégrée, par exemple –, l'avenir de Bruxelles
passe pour le moment, nous l'avons vu, par
son alliance avec la Wallonie au sein d'un pays
rétréci, certes, mais gardant tous les attributs
de l'« ancienne » Belgique. Une telle « permu-
tation » permettrait sans doute d'éviter que les
institutions européennes profitent de l'occasion pour s'installer plus à l'est, comme le souhaitent certains pays. « Vous étiez en Belgique,
vous restez en Belgique : où est le problème ? »

Et Bruxelles, cette ville aux vingt-trois gares
dont aucune n'est un terminus, pourrait
continuer, avec bien plus de liberté qu'aujour-
d'hui, à assumer son destin européen et
international.

EPILOGUE

Au roi Albert II
pour qu'il ait « une Belgique d'avance »...

Et maintenant que me voici introduit auprès de Votre Majesté, laissez-moi vous dire la vérité, la grande, douce et belle vérité : Vous régnez enfin sur un seul peuple. L'autre ? Il s'est fait la belle !

Pardonnez-moi, sire, cette entrée en matière un peu cavalière, mais j'ai pensé qu'en ces temps de chien une bonne nouvelle ne pourrait que vous requinquer. Et puis il est probable qu'on a vous a tellement rebattu les oreilles avec cette lettre de Jules Destrée à votre grand-père Albert Ier – « Il n'y a pas de Belges, il y a des Wallons et des Flamands... » – que le moment me semble opportun de rafraîchir un tant soit peu cette vieille gloire.

Oui, c'est triste, un pays qui meurt, et c'est encore plus triste d'en être le roi. Vous perdez

197

en même temps votre histoire et votre destin. Votre raison d'être et votre gagne-pain. Et votre descendance qui, aujourd'hui, comme des millions de gens touchés par la crise, se demande de quoi demain sera fait ! Je sais : « Les rois ne meurent jamais », et votre famille restera « de Belgique », même lorsque votre pays n'existera plus.

Encore que... Un « rattachiste » expliquait récemment sur le Net le sort qui vous serait réservé le jour où la Wallonie serait française. Selon lui, vous pourriez certes continuer à vous appeler « roi Albert II », à jouir de vos palais et châteaux, « excepté le palais royal de Bruxelles », et d'une rente à vie payée conjointement par la Flandre, la France et l'Union européenne. Mais vous n'exerceriez plus aucune fonction. Quant à vos descendants, ils n'auraient plus aucun avantage financier ; ils pourraient encore s'appeler « prince », mais suivi « de leur prénom et d'un nom qui ne pourrait évoquer ni l'Europe, ni la Belgique, ni la Flandre, ni la Wallonie, ni Bruxelles ». Pas encore français, ce Robespierre wallon au petit pied, et déjà partisan de la guillotine ! Ça promet.

En attendant ce procès en place de Grève, vous pouvez d'ores et déjà affronter le jugement de l'Histoire avec sérénité. Il vous en a fallu, à vous et à vos prédécesseurs, du courage, de l'abnégation, de la patience, de la persévérance, bref, du génie pour régner sur un tel pays ! Pour, pendant près de cent quatre-vingts années, retricoter tel jour ce qui avait été détricoté la veille, peser au trébuchet la moindre intervention pour ne choquer ni le fier Flamand ni le non moins fier Wallon, tout faire pour continuer d'avancer tant bien que mal. Combien d'autres, à votre place, auraient rendu leur tablier ?

Voilà que le bateau prend l'eau. Et par la faute de ces Flamands que vous avez tant choyés. Trop, peut-être. Oui, si j'avais une critique à adresser aux rois des Belges, ce serait sans doute d'avoir trop ignoré les Flamands quand il fallait les aider, puis de les avoir trop flattés au moment où il aurait fallu se montrer plus fermes. Les Flamands ne vous sont pas redevables de votre mansuétude. Selon un sondage publié début 2009 par *Het Nieuwsblad*, ils sont 31 % à estimer que la royauté devrait laisser la place à une république.

Que pouvez-vous faire aujourd'hui ? Pas grand-chose, vos pouvoirs étant si limités. Et, puis, comment lutter contre un nationalisme flamand qui gagne imperceptiblement du terrain, comme le sable qui pénètre dans une maison en dépit des fenêtres et des portes fermées. Devant cette impuissance royale, je pense à un passage de *La Vie devant soi,* d'Émile Ajar/Romain Gary : « Il souhaitait mourir en attendant mieux. » Vous pouvez attendre, en souhaitant que ce commencement de la fin dure le plus longtemps possible.

Non, s'enflamme l'écrivain Patrick Roegiers qui parle de vous comme du « coq du clocher qui domine tout et indique la direction du vent », et souhaiterait vous voir abandonner votre obligation de réserve pour descendre dans l'arène, mettre tout votre prestige en jeu, tenter d'enrayer le mouvement qui est en train de miner votre royaume. Devenir le « roi digue », comme le fut Albert Ier quand il stoppa les Allemands sur l'Yser. Et, si vous échouiez, si la vague vous balayait à votre tour, vous disparaîtriez avec les honneurs de la guerre, comme le capitaine coulant avec son bateau.

Mais si vous aviez une Belgique d'avance ? Si, au lieu de ce baroud d'honneur qui risque de mal tourner, voire même de friser le ridicule, tant il est peu conforme à la philosophie de vos sujets, vous la jouiez plus finement ? En admettant, comme nous le ferons tous tôt ou tard, que rien ne pourra arrêter la marche de la Flandre vers son indépendance, et en accompagnant celle-ci au lieu de tenter en pure perte de la stopper ? Soyez le maître de maison qui indique aux Flamands que s'ils ne se sentent plus chez eux dans la demeure commune, ils peuvent très bien la quitter. Avec courtoisie, comme il sied. En leur rendant même les honneurs.

Dites alors à ceux qui restent qu'ils pourront toujours compter sur vous. Certes, la maison va certainement paraître un peu vide et ne résonnera plus des querelles passées. Il va falloir aussi se serrer un peu la ceinture, après le départ de vos sujets les plus fortunés. Il est vrai que les Wallons n'ont pas été des monarchistes de la première heure, et qu'ils ont causé pas mal de soucis à votre famille. Et ces Bruxellois toujours prêts à se moquer des rois et de leur pompe ! Il faudra oublier tout cela, retrousser ses manches, et affronter les défis.

Vous resterez le souverain d'une Belgique certes amputée, mais toujours vivante. Mais quel bonheur ! Une Belgique sans problèmes communautaires, sans « BHV », sans chicaneries interminables, sans cette obligation paralysante et coûteuse de peser au trébuchet et équilibrer tous les investissements. Une Belgique débarrassée des carcans administratifs qui l'empêchent de respirer. Une Belgique qui libérerait enfin Bruxelles et laisserait la ville remplir, comme elle le peut et comme elle le doit, son rôle de capitale européenne. Une Belgique politique enfin décontractée, qui vous laisserait plus libre d'être vous-même ; et, demain, de passer tranquillement le flambeau à Philippe.

Pensez enfin au bonheur de la reine Paola : elle n'aurait plus à apprendre le néerlandais.

Table

Composé par Nord Compo Multimédia
7, rue de Fives, 59650 Villeneuve-d'Ascq

www.ingramcontent.com/pod-product-compliance
Lightning Source LLC
Chambersburg PA
CBHW070421270326
41926CB00014B/2889